# SIX MOIS AU LIBAN

# SIX MOIS
# AU LIBAN

## NOTES DE VOYAGE

### D'UN PÈLERIN FIN-DE-SIÈCLE

PAR

## Maxime GUFFROY

Auteur des *Souvenirs de Crimée*, des *Nébuleuses*, des *Mémoires d'un pion*, du *Damier vivant*, etc.

Jusqu'à son dernier souffle, jusqu'au dernier battement de son cœur, l'écrivain consciencieux doit se consacrer à la recherche et à la défense de la vérité.

**Deuxième Edition**

MARSEILLE

IMPRIMERIE GÉNÉRALE ACHARD ET C<sup>ie</sup>

3 et 5, Rue Chevalier-Roze, 3 et 5

1892

# PRÉFACE DE LA 2<sup>me</sup> ÉDITION [1]

## BUT DE CET OUVRAGE

*Tout le monde connaît la fable des Bâtons flottants, par La Fontaine, et ce vers devenu proverbe :*

De loin c'est quelque chose, et de près ce n'est rien.

*Sur la foi des nombreuses relations de célèbres voyageurs en Orient, tels que Châteaubriand, Lamartine, Poujoulat, de Géramb, et autres écrivains plus récents, j'ai voulu juger de visu, et me rendre compte par moi-même.*

*Eh bien, si dans mes voyages en Belgique, en Hollande, en Suisse, en Italie, j'avais éprouvé plus d'une déception, quelle ne fut pas ma surprise à la vue de ce qui se passe actuellement en Orient, par exemple en Syrie !*

*De retour en France, j'ai cru qu'il était de mon devoir d'éclairer l'opinion publique en faisant connaître la vérité, rien que la vérité.*

*Ce but, louable entre tous, aurai-je le bonheur de l'atteindre ?*

*Le lecteur appréciera.*　　　　　　　　M. G.


Marseille, le 31 Juillet 1892.

---

(1) La première a été publiée par le *Moniteur de l'Ariège*, Foix. Directeur : M. Lafont de Sentenac,

# PRÉFACE BIOGRAPHIQUE

## UNE PAGE

*Empruntée au deuxième supplément du Grand Dictionnaire Universel de Pierre Larousse, revue, corrigée et considérablement augmentée (p. 1352, col. 4)*

Guffroy (Louis-Maxime-Joseph), littérateur français, petit-fils du conventionnel Armand-Benoît-Joseph Guffroy, né à Paris en 1826. Son père était originaire de Frise (Picardie) et sa mère de Saint-Amour (Franche-Comté).

Grâce aux libéralités de son bienfaiteur, M. Henri Lallemand, il fit de brillantes études au Petit Séminaire de Paris, dirigé alors par l'abbé Dupanloup, qui fut depuis évêque d'Orléans.

Il eut pour condisciples MM. Langénieux et Foulon, devenus l'un cardinal archevêque de Reims, l'autre cardinal archevêque de Lyon, primat des Gaules.

Il remporta en rhétorique le prix d'honneur de discours latin.

Il ne suivit pas, comme ses illustres condisciples, la carrière ecclésiastique, et se livra, durant presque toute sa vie, à l'éducation de la jeunesse.

A la pension Clavier, de Corbeil, il eut pour élève l'humoristique et jovial écrivain Armand Silvestre.

C'est à cette époque qu'il fit représenter, par les élèves de la pension, sa première œuvre poétique, une comédie en un acte, en vers, intitulée : *Le Marquis de la Jeannotière* ou *l'Orgueilleux corrigé*.

Cet essai, qui réussit, fut suivi de plusieurs autres pièces, telles que *Le Trésor, Le Bienfaiteur mystérieux, Le Volontaire de Crimée,* etc.

Cette dernière fut représentée après la prise de Sébastopol, à laquelle prit part Maxime Guffroy, dans les rangs du 98ᵉ de ligne, puis du 1ᵉʳ régiment de grenadiers de la garde.

Rentré dans la vie civile, il s'adonna à la littérature et prépara, le premier, la réforme projetée de la langue française.

Il fit paraître successivement : *Souvenirs de Crimée,* chansons militaires, Paris, 1856.

Cet ouvrage obtint un grand succès et l'approbation flatteuse de M. le maréchal Canrobert ; il fut même jugé digne de figurer dans la bibliothèque particulière de l'empereur Napoléon III.

Un bienveillant éditeur de Paris, M. Auguste Le Bailly, fit paraître un grand nombre de poésies et chansons de Maxime Guffroy, *gratuitement,* car notre poète était pauvre.

Parmi celles qui ont eu le plus de succès, on cite : *La distribution d'un bœuf au régiment, Ma femme ou mon fusil, Messieurs les Autrichmar* (1858), bluette gauloise, dont, trente-deux ans plus tard, au Liban, un jeune étudiant autrichien voulut tirer vengeance ;

*Les petites misères d'un caporal, Le tourlourou, Le
soldat français devant Sébastopol,* poésie couronnée
par la Société littéraire de Beaune, et enfin, beaucoup
de romances, genre qui n'était pas encore démodé,
telles que : *De joie on peut mourir, Les cloches, C'est
la voix du bon Dieu, Petits anges roses,* etc.

Toutes ces productions furent publiées par Le Bailly,
qui fit admettre Guffroy dans la Société des auteurs
et compositeurs de musique, dont il n'a cessé d'être
membre depuis cette époque.

Nous ne saurions passer en revue toutes les œuvres
de ce fécond et modeste chansonnier, dont pourtant
déjà le grand poète Lamartine avait marqué la place
parmi les littérateurs français, en lui adressant la lettre
suivante, si laconique et si belle :

« *Monceau-les-Mâcon, 3o octobre 1863.*

« Monsieur, Lamartine vit par le cœur et par le travail, malgré
les faux bruits que ses ennemis répandent pour le tuer avant la
nature. Mais vos beaux vers sont un certificat de vie et d'immor-
talité qui vous conquiert son âme.

« LAMARTINE ».

Cette lettre confiée par Guffroy à M. Bourdin, du
*Figaro,* pour le journal l'*Autographe,* ne fut jamais,
ni publiée, ni rendue à son destinataire.

Dès lors commença entre Maxime Guffroy et le
*Figaro,* une animosité, bien ridicule de la part d'un
journal aussi *fort,* dont le devoir serait naturellement
de protéger les *faibles* et d'encourager les jeunes
écrivains.

Tout au contraire, lorsqu'en 1863, parut (pour la troisième fois) dans *La Guêpe*, de Toulon, le roman *La Dame à la tête de mort*, un autre rédacteur du *Figaro*, Fortuné Dubois, dit du Boisgobey, publia au rez-de-chaussée de ce journal le roman *L'Epingle rose*, plagiat déguisé de l'œuvre de Guffroy. Dans *La main coupée*, malgré les réclamations réitérées adressées au *Figaro*, le plagiat continua plus accentué encore.

Guffroy, qui, souvent dépourvu d'emploi, ne puisait de ressources que dans la bourse inépuisable de son bienfaiteur, publia ses légitimes revendications dans les colonnes de quelques journaux ou sur des feuilles volantes, tirées malheureusement à trop peu d'exemplaires pour produire un résultat pratique.

Les pierres d'achoppement, que multipliaient autour de Guffroy des concurrences déloyales, n'empêchèrent point d'ailleurs le succès croissant de *La Dame à la tête de mort* qui fut, pour la 8e fois, publiée à Saint-Quentin en feuilletons et en brochure.

Parmi les autres ouvrages de Guffroy, nous distinguerons d'une façon spéciale une brochure : *Le Conventionnel Armand Guffroy* (1882, in-8°), destinée à rectifier un certain nombre d'erreurs commises par la plupart des biographes du Conventionnel.

(1) « On a dit à tort, et nous avons *nous-mêmes* reproduit cette assertion, qu'Armand Guffroy avait été chargé d'inventorier les papiers de Louis XVI ; ce sont les papiers de Robespierre que la Convention l'avait chargé d'examiner ; il eut à faire le même tra-

-----

(1) Cf. Larousse, 2e supplément du grand Dictionnaire Universel, à l'article Guffroy Maxime.

vail sur les papiers de Joseph Lebon, le sanguinaire proconsul d'Arras.

On a accusé Guffroy d'avoir fait disparaître les pièces qui auraient pu justifier Lebon ; cette accusation est dénuée de preuves, Joseph Lebon ayant eu à sa disposition tous les moyens de se défendre pendant plusieurs séances que la Convention consacra à l'écouter et n'ayant allégué aucun détournement de papiers opéré par Armand Guffroy à son détriment.

Il paraît, de plus, avéré, et l'ouvrage de Maxime Guffroy nous le démontre clairement, que le journal ou pamphlet ultra-sanguinaire d'Armand Guffroy, intitulé *Le Rougiff*, anagramme de son nom, et que quelques historiens ont pris au sérieux, n'était qu'une parodie du *Père Duchêne* et de *L'Ami du Peuple ;* les Jacobins ne s'y trompèrent pas, puisqu'ils firent rayer Guffroy de leur société.

On a donc eu tort de voir dans ce journal « l'œuvre immonde d'un fou féroce » : Guffroy était, au contraire, l'adversaire de la Terreur et des terroristes ; Thiers, dans son *Histoire de la Révolution*, lui avait déjà rendu justice à ce sujet. »

On doit en outre à M. Maxime Guffroy : *Les Nébuleuses*, recueil de poésies (Montpellier, 1863 et Toulon, 1864) ; *Fleurs printanières*, poésies, romances et chansons (Bastia, 1864) ; *Chansons et poésies nouvelles* (Avignon, 1865) ; *Les fastes de l'armée française*, poésies et chansons militaires (Avignon, Gros frères, 1865) ; *Les mémoires d'un pion*, trilogie, comprenant trois poèmes héroï-comiques : *La lampe enlevée* ou la *Pédagogomachie ;* le *Damier vivant ; Boniface* en

*Tauride* ou la *Crimée pour rire* (Avignon, Gros frères, 1865). (1).

Une deuxième édition du *Damier vivant* fut publiée à Moulins (Fudez frères, 1866) ; une troisième et dernière à La Haye (Carpentier, libraire éditeur, 1885).

Dans *Un mariage Avignonais* ou *La politique dans le ménage*, l'auteur nous ráconte lui-même ses propres mésaventures conjugales (Avignon, 1869).

Autres ouvrages de Guffroy : *Rome en 1869*, notes de voyage (Avignon, 1870) ; *L'Eglise française* de M. Hyacinthe Loyson et *l'Eglise gallicane* (1879) ; *Splendeur et décadence* de la littérature religieuse latine en France ; cet ouvrage, qui met en relief les solides connaissances liturgiques de l'auteur, a pour but de relever les inexactitudes et faiblesses de style de la plupart des hymnes du bréviaire romain, lors de l'adoption définitive du rite romain pur et simple dans le diocèse de Paris.

Dans ses *Mélanges Littéraires* (Nancy, 1884), M. Maxime Guffroy, qui exerça, pendant plus de quinze années, l'emploi de bibliothécaire et de *souffleur* dans plusieurs théâtres de la province et de l'étranger, essaya de réhabiliter ce dernier emploi, et, malgré les violences de toutes sortes qu'il eut à subir pour le triomphe de sa cause, il fut bien près d'y parvenir (2).

---

(1) Voir le Catalogue général de la librairie d'Otto Lorenz, Paris, 1865 et années suivantes.

(2) Cette question du *souffleur*, si importante au point de vue social et humanitaire, et que Maxime Guffroy traita conjointement avec celle du *Pion*, autre paria de notre société française, ne soulève aucune discussion à l'étranger : en Italie, par exemple,

Il compta, parmi ses plus violents détracteurs à Nancy, un jeune journaliste, rédacteur en chef du *Petit Nancéien*, le sieur Georges Gugenheim, condamné récemment à dix ans de travaux forcés pour escroquerie.

A Toulon, ce fut un certain Marius Gueirard, dit Nasturby ; à Grenoble, un nommé Gaillard, dit Pierre-de-Taille, qui réussit à lui faire perdre un emploi de correcteur, à l'imprimerie Maisonville, Breynat et Cie.

Enfin, à Castres, un comédien assez médiocre, le sieur Honoré Mounier, qui, au bout du premier mois d'exploitation théâtrale, obtint, sans motif plausible, des directeurs Lemarquant et Roustan, la mise à pied de Guffroy.

A Saint-Germain-en-Laye, en 1885, Guffroy publia, dans le journal l'*Industriel*, directeur M. Lancelin, de nouvelles notes de voyage, intitulées : *De Milan à Amsterdam*. — On lui retira son emploi.

M. Maxime Guffroy a, de plus, écrit pour le théâtre quelques saynètes et monologues, et une

---

où le souffleur, désigné sous le nom gracieux d'*il suggeritore*, paraît être au mieux avec les artistes.

Souvent même, dans certains théâtres italiens, on ne songe point à le cacher ; son buste émerge du plancher de la scène, en avant du pupitre du chef d'orchestre.

En France, au contraire, la plupart des artistes, non contents d'affubler cet utile employé du nom ignoble de *souffleur*, font volontiers de lui un souffre-douleurs, une *Tête de Turc*. — Il y a quelques années, l'empereur d'Allemagne fit rayer du dictionnaire de la langue allemande le mot *souffleur*, comme bas et trivial (M. G.)

comédie-vaudeville en un acte, qui fut représentée dans plusieurs théâtres de la province et de l'étranger.

Cette pièce, intitulée *Les Mésaventures d'un garde-française*, obtint du succès, notamment à Lausanne (1879), à Saint-Etienne (1882), enfin à Salima, Liban (1890).

M. Maxime Guffroy, encore plein de vigueur malgré ses soixante ans bien sonnés, continue la longue série de ses ouvrages littéraires. Il a pris une part active au projet de la réforme de la langue française, projet dont, bien à tort, le *Figaro* prétend s'attribuer tout l'honneur. Mais la réforme proposée par M. Guffroy entend respecter les lois de l'étymologie, à l'exclusion de certaines corrections bizarres proposées par quelques confrères.

La guerre impitoyable qu'il ne cesse de livrer à certains plumitifs qui affectent de n'avoir nul souci de la langue et de l'*orthographie* françaises, fait beaucoup d'ennemis à M. Guffroy. Un instant même, pour se débarrasser de ce correcteur gênant, un *gendelettres* farceur ne trouva rien de mieux que de le confiner dans une maison de retraite, séjour de vieillards gâteux, d'aveugles et d'éclopés de tous genres.

Mais le temps a fait son œuvre de justice. En dépit du compilateur Frédéric Godefroy, son ancien condisciple, qui dans sa prétendue *Histoire de la Littérature Française*, lui avait refusé toute mention, l'heure de la notoriété littéraire a sonné pour Maxime Guffroy, et le grand dictionnaire Larousse lui consacre enfin un article biographique.

En outre, une petite fortune inespérée, léguée par

son regretté bienfaiteur, le met à même de rentrer en lice et de parfaire l'œuvre qu'il avait si brillamment, mais si péniblement commencée.

AUGUSTE GUFFROY.

*Paris, 14 juillet 1892.*

## REMARQUE IMPORTANTE

Le sieur Armand Guffroy, décoré dernièrement (pourquoi ?) des palmes académiques, n'appartient nullement à la famille du conventionnel.

A. G.

## UNE LETTRE INÉDITE DE FRÉDÉRICK LEMAITRE

A Monsieur Maxime Guffroy.

J'ai reçu les *Nébuleuses.* Vous êtes né poète et devez souffrir. N'importe, portez fièrement votre couronne, quand même elle ferait saigner votre front.

FRÉDÉRICK LEMAITRE.

*Paris, le 30 octobre 1863.*

# SIX MOIS AU LIBAN

## Souvenirs et Notes de Voyage d'un Pèlerin Fin de Siècle

« Non nova, sed nove. »

Un écrivain tristement célèbre et que l'on ne saurait accuser de partialité en faveur de la religion catholique, — Volney — publia au siècle dernier un ouvrage plein d'érudition , empreint même d'une certaine poésie, mais inspiré par les principes faux d'une philosophie voltairienne et malsaine : cet ouvrage a pour titre : « LES RUINES. »

C'est ainsi, mais animé d'un esprit tout opposé, que je devrais, à mon tour, intituler ces simples *notes* d'un voyage fait en Orient, du 13 décembre 1889 au 1er septembre 1890.

Je n'ai vu, en effet, partout que *des ruines* ; et j'entends ce mot dans le sens matériel et au point de vue moral tout ensemble.

Si, dans le courant de l'année 1889, il me fut donné de visiter, pour la seconde fois, la ville des Césars, la Rome des Papes, devenue, hélas ! à peu près comme Paris, le boulevard de la franc-maçonnerie et de l'athéisme : si, le cœur rempli d'amertume, je dus contempler en même temps, et les ruines de Rome païenne, purifiées en quelque sorte par les monuments religieux qu'y avait élevés la piété des Souverains-Pontifes, et les ruines apparentes, mais impérissables, le *discordat* (1), en un mot, du pouvoir temporel des successeurs de saint Pierre, et enfin, mal déguisés

---

(1) Ce mot m'a encore été emprunté par le *Figaro* :
Quand nous serons à cent nous ferons une croix.

sous la splendeur décevante d'une Rome toute moderne, la décadence morale et politique du peuple
italien ; — à quel spectacle plus triste encore n'étais-je
pas réservé, en posant le pied sur cette terre d'Orient,
témoin jadis des triomphes de nos héros chrétiens,
et gémissant, depuis des siècles, sous le joug honteux
des sectateurs de Mahomet !...

C'est, je le répète, au milieu des *ruines* que j'ai
habité durant six longs mois, dans les montagnes de
la chaîne du Liban, à une journée environ de Beyrouth.

Un vieux manoir démantelé, décoré pompeusement
du titre de château de *Salima*, et qui, de sa haute
tour, la seule qui ait survécu aux incendies et aux
ravages de la guerre, domine les crêtes plus ou moins
élevées, au-dessous desquelles, au fond d'un ravin,
court un mince filet d'eau appelé le *Lycus*, ce manoir
ruiné, dis-je, n'est autre que l'antique demeure des
*Emirs* ou Princes du Liban, qui l'occupèrent de père
en fils, pendant plusieurs siècles.

C'est à l'une de ces murailles de style mauresque
formant façade et sobrement ornée de quelques ara-
besques assez finement sculptées, que le musulman
vainqueur, plein d'une joie barbare, suspendait par
les cheveux les têtes encore sanglantes de ses ennemis
vaincus.

Au pied des ruines ont été construites à la hâte un
assez grand nombre de maisonnettes se composant
d'un rez-de-chaussée et d'une terrasse qui sert de toi-
ture.

A l'horizon, une haute montagne d'aspect grisâtre,
n'offrant aux regards que la roche nue, et, par intervalles, un bouquet de pins rabougris et quantité de
mûriers, la richesse du pays. Dans le lointain, les plus

hauts sommets du Liban, couverts de neiges éternelles.

Par un beau soleil, brillant dans un ciel pur, c'est un spectacle vraiment imposant et grandiose ; mais durant les mois d'hiver, c'est-à-dire de novembre à avril, montagnes et villages semblent ensevelis sous la neige ou noyés dans des torrents de pluie.

Tel est, en raccourci, le séjour où j'ai dû me morfondre, du 16 janvier au 19 juillet 1890.

Véritablement, pour se plaire en un semblable pays, il faut être indigène, ou montagnard par goût. Jamais un boulevardier parisien, jamais un citadin de nos plus petites villes de France, ne consentirait à séjourner, longtemps et pour le seul plaisir, dans une contrée sans maisons dignes de ce nom, presque sans arbres et sans autres routes que des sentiers à peine frayés, rocailleux et impraticables, sauf une seule carrossable, conduisant aux environs de Beyrouth.

Aussi étais-je le seul Français fourvoyé, à cette époque, et comme perdu dans ce triste désert, peuplé d'étrangers et de tribus nomades, hostiles à la France. Sans la perspective assurée de visiter la Terre-Sainte, je n'y serais point demeuré plus de quinze jours, c'est-à-dire le temps d'attendre le premier paquebot partant pour la France.

Voilà la vérité vraie sur le Liban, ainsi que nous le prouverons plus tard par de plus amples détails.

Nous voici donc bien loin des récits merveilleux, ultra-optimistes et dithyrambiques des touristes et des poètes à l'enthousiasme facile, tels que les Anglais, par exemple, qui, semant l'or à pleines mains et comblant de *bachich* (pourboires), les *moukres* (muletiers), *cawas* (soldats ou janissaires) et autres arabes parasites, ce fléau du pays, n'éprouvent, pour ainsi dire, aucune difficulté dans le cours de leurs pérégrinations. (1)

D'où je conclus, — dussè-je paraître exprimer un paradoxe — que la première condition pour bien connaître l'Orient, c'est de ne point s'en rapporter avec une entière confiance aux relations des voyageurs, généralement adoptées sur parole. Nulle part on n'a mieux connu le prix d'un mensonge ; nulle part il ne fut mieux payé.

J'ai l'espérance que ce modeste récit pourra contribuer efficacement à la réfutation des contes bleus que Savary et une foule d'autres littérateurs ont publiés sur l'Orient.

Comme le dit encore l'écrivain que nous citions en commençant : « Le genre des *Récits de Voyages* appartient, non pas au roman, mais à l'histoire. »

*Saint-Barthélemy, près Marseille, 15 Mai 1891.*

-----

(1) Voici, à titre de renseignements, en quels termes parle du Liban et de la Syrie un auteur contemporain, dans un de ses plus récents ouvrages où, par hasard, il oublie d'être obscène, mais dans quelques pages seulement.

« *Beyrouth*, au pied du Liban (dit Emile Zola), sur sa langue de terre, entre des grèves de sable rouge et des écroulements de rochers, *Beyrouth*, avec ses maisons en amphithéâtre, au milieu de vastes jardins, un *paradis délicieux* planté d'orangers, de citronniers et de palmiers... *Damas*, la reine de l'Orient, au centre de sa vaste plaine, la ville commerçante et industrielle dont les caravanes de la Mecque et de Bagdad font un centre grouillant de foule... Les vallées et les montagnes, les villages des *Druses* et des *Maronites* perchés sur les plateaux, perdus au fond des gorges... Que de richesses naturelles dédaignées ou gâchées !.. Autrefois, la côte se trouvait trop petite, les villes se touchaient ; maintenant, la vie s'en est allée vers l'Occident, il semble qu'on traverse un immense cimetière abandonné... Pas de routes, le pire des gouvernements, la justice vendue, un personnel administratif exécrable, des impôts trop lourds, des lois absurdes, etc. »

# PREMIÈRE PARTIE

## DE MARSEILLE A SMYRNE

### I

Par une nuit assez froide, mais étoilée, du mois de décembre 1889, un vendredi 13, le passant attardé qui se serait promené sur le quai de la Saône, devant le palais de l'Archevêché, à Lyon, et dont les regards se seraient arrêtés, dans une demi-obscurité, sur les eaux légèrement houleuses de cet affluent du Rhône ; ce passant, dis-je, eût été fort surpris en distinguant, à la lueur vacillante des becs de gaz, un bateau assez grand, chargé de lourds bagages et se hâtant de gagner, à force de rames, en passant sous la passerelle Saint-Georges, le quai opposé, dans la direction de la gare de Perrache.

Cette embarcation mystérieuse avait à bord, outre le pilote et les deux rameurs, un vieillard et un jeune homme qui lui servait de guide.

Le vieillard, à la longue barbe blanche, portait le costume des religieux de l'ordre de Saint-François d'Assise, c'est-à-dire la robe de bure marron, le cordon ou torsade en soie blanche, à laquelle pendait un chapelet à gros grains en bois d'olivier, et sur les épaules la longue pèlerine, de même couleur que la robe. Le capuchon seul manquait.

Nos deux passagers, ayant dépassé l'heure du dernier départ des bateaux-mouches, n'avaient eu d'autre ressource que l'embarcation ci-dessus désignée, obligés qu'ils étaient de ne pas attendre l'aube du jour pour quitter la ville.

Fallait-il voir, dans ce soin qu'ils prenaient de se cacher en voyageant de nuit, une conséquence naturelle de la loi d'interdiction du port de l'habit religieux, infligée aux membres des diverses communautés, dans cette bonne ville de Lyon ? Et quel intérêt si pressant pouvait donc les forcer à ne point retarder de quelques heures leur départ ?

Nous laissons à nos lecteurs le soin d'en pénétrer les motifs.

Quoi qu'il en soit, au bout de quelques minutes, le vieillard et son guide débarquaient non loin de la place Perrache, et se dirigeaient d'un pas rapide vers la gare.

Le vieillard, après avoir pris un billet de seconde classe demi-place pour Marseille et fait enregistrer ses bagages, qu'un des rameurs avait apportés, prenait congé de son guide, qui n'était autre que le domestique du couvent, montait en wagon, et, quelques heures après, était rendu à Marseille, sans être descendu à aucune station intermédiaire.

Voilà ce qu'on peut véritablement appeler un voyage à la vapeur. C'est par le temps qui court et dans cette fin de siècle la façon ordinaire de voyager. Aussi, même de jour, arrive-t-on à destination sans avoir rien vu dans tout le parcours.

Notre pèlerin, que nous appellerons désormais Frère Olympe, avait eu la malechance d'être placé, en wagon, entre deux libres-penseurs qui dissertaient sur la religion et la politique auxquelles, par parenthèse, l'un et l'autre n'entendaient rien. Frère Olympe ne s'amusait guère, et prenant le meilleur parti qu'il y eût à prendre en pareil cas, finit par s'endormir. Nos deux énergumènes n'avaient point tardé, du reste, à suivre son exemple.

A son arrivée dans la gare de Marseille, dormant tout debout et saturé d'ennui, Frère Olympe, à peine débarqué, tomba... dans les bras d'un Monsieur qui l'attendait là avec une voiture.

C'était un des bons amis du Prieur du couvent de Lyon, habitant Marseille et chargé de loger chez lui notre pèlerin jusqu'au jour, pour le conduire ensuite au paquebot en partance pour la Syrie.

Après une légère collation et quelques heures de repos dans la maison de son hôte, Frère Olympe témoigna le désir de visiter de nouveau les curiosités de la ville qu'il n'avait pas revues depuis son dernier voyage.

En proie aux souvenirs lointains de la campagne de Crimée, pour laquelle il était parti après la mort prématurée d'une jeune fille qu'il devait épouser, tout entier aux impressions tour à tour douces et pénibles qui faisaient revivre en son esprit tout un passé disparu, Frère Olympe prit plaisir à revoir les monuments, bien rares, il est vrai, de la vieille cité Phocéenne.

Mais ce fut en vain qu'il chercha la cathédrale provisoire Saint-Martin, où il avait vu, du temps de Sa Grandeur Monseigneur Place, de si imposantes solennités religieuses. Cette Eglise, vénérable à tant de titres, était tombée depuis peu sous la pioche des démolisseurs, pour faciliter le percement de la nouvelle rue Colbert.

Il n'omit pas de faire également une courte visite à la nouvelle cathédrale, en construction depuis plus de quarante ans déjà et dont l'achèvement ne semble pas, aujourd'hui encore, pouvoir être prochainement effectué.

Il jeta, en passant sur le Cours, un coup d'œil furtif sur la statue de l'héroïque évêque Belsunce, non encore descendue de son piédestal légendaire. Mais le déplacement en était résolu, et à la date où nous écrivons, est un fait accompli.

Ainsi se perdent peu à peu, sous les efforts persévérants de l'impiété, toutes nos traditions religieuses.

Comme jadis en 1854, Frère Olympe eût vivement désiré gravir derechef les pentes escarpées qui conduisent à la basilique Notre-Dame-de la-Garde, et visiter le pieux sanctuaire, pour attirer sur le long et périlleux voyage qu'il allait entreprendre la toute puissante protection de Celle qu'à Marseille on appelle la *Bonne Mère*.

Cette consolation ne lui fut point permise. Dès le soir venu, il lui fallut s'embarquer. Un brave transitaire, M. Hippolyte Giry, l'avait accompagné à bord du paquebot *La Seyne*, de la Compagnie Fraissinet... disons-le en passant, un vrai bateau danseur, une véritable coquille de noix.

A peine Frère Olympe eut-il fait ses adieux à M. Giry, que le mistral commença à souffler par rafales.

Pour donner sans doute un avant-goût de la traversée en perspective, le paquebot se mit à se balancer coquettement sur sa quille... il semblait dire aux nouveaux embarqués : « Patience, amis, vous en verrez bien d'autres tout à l'heure ! »

Grâce à la recommandation de M. Giry, ainsi qu'à l'amabilité de MM. les Officiers du bord, dont je parlerai plus tard plus longuement, Frère Olympe occupait une cabine de quatre couchettes, seul en compagnie d'un jeune missionnaire d'une très faible santé, lequel se rendait à *Samos*. Ce pauvre abbé fut pris du mal de mer avant même de partir.

Soudain, la cloche du dîner se fait entendre Frère Olympe, traité à bord comme un passager de première classe, s'attable gaiement auprès de MM. les Officiers, qui paraissent tout heureux de posséder un religieux comme convive. Quant au pauvre abbé, il était penché sur le bastingage, en train de « *compter ses chemises* » selon la pittoresque expression des marins.

Enfin, la vapeur siffle et donne le signal du départ. Une foule assez nombreuse s'agitait sur le quai des Anglais, envoyant leurs signes d'adieux, soit à leurs parents, soit à leurs amis.

Selon l'usage, un remorqueur aida au paquebot à sortir du port.

Comme on n'avait point jugé nécessaire de tendre sur la table les cordes du *violon*, les bouteilles et les carafes dansèrent bien un peu ; mais ce n'était là qu'un prélude, une sorte d'invitation à la valse.

Le repas terminé, Frère Olympe monta sur le pont, où il retrouva son compagnon de cabine qui continuait de plus belle la série de ses expectorations.

La pâleur livide et les mouvements inquiets du jeune missionnaire rappelaient à Frère Olympe, inconsciemment peut-être, le malheureux Alidor de Rosenville, du joyeux opéra-comique « *Le Voyage en Chine.* » Mais, réprimant cette réminiscence comme peu charitable, il consola le mieux qu'il put le pauvre abbé, essaya de ranimer son courage par quelques bonnes paroles.

Nos deux pèlerins saluèrent, de loin, au passage, la basilique aérienne de Notre-Dame-de-la-Garde. Du fond du cœur, ils adressèrent à la Vierge immaculée cette belle prière, cette hymne sublime et naïve tout à la fois, qui, sans nul souci du rythme prosodique, est une des plus belles du bréviaire romain : l'*Ave maris stella*. Par bonheur pour elle, les correcteurs italiens lui ont épargné, jusqu'à présent, leurs maladroites retouches .. Ils auraient bien dû agir de même pour toutes les autres hymnes.

Peu s'en fallut que Frère Olympe, dans son enthousiasme pieux, ne se mît à chanter ce refrain du cantique des matelots, qu'il avait entendu si souvent jadis :

> Bonne Mère des matelots,
> Que votre bonté nous garde !
> Par pitié, sauvez-nous des flots.
> Notre-Dame-de-la-Garde,
> Par pitié, sauvez-nous des flots.

## II

Mais bientôt les conversations s'apaisent ; les regards attentifs suivent avec intérêt les découpures dentelées des côtes. On reconnaît Toulon, sa vaste rade, et d'autres villes encore. Voici les îles d'Hyères, que les anciens, dans leur langage imagé et poétique, avaient surnommé les *Iles d'Or* à cause de leur luxuriante fertilité. Longtemps on les distingue au lointain, pareilles à de vertes oasis semées dans le désert liquide de la Méditerranée. Au son de la musique éolienne mais assourdissante du *Mistral*, un peu apaisé pourtant, le vapeur semble glisser sur l'onde amère en soulevant des flocons de blanche écume, sous le ciel bleu... Parfois il subit une de ces secousses soudaines et brusques, si inquiétantes pour les passagers novices, lorque la mer est houleuse.

La nuit est splendide. Des milliers d'étoiles brillent

au firmament, formant comme un scintillant cortège
à la Reine des nuits, dont les rayons argentés miroi-
tent dans les flots en chatoyants reflets.

On n'entend plus à bord que le bruit saccadé de la
machine et de l'hélice, les ronflements tonitruants de
quelques dormeurs, et, par intervalles, la voix de l'officier de quart.

Combien est grandiose et imposant ce spectacle de
l'immensité des mers ! Quel cœur ne se sentirait ému,
attiré par le divin Auteur de tant de merveilles !

Vers le soir du deuxième jour, on apercevait les
côtes de la Corse, puis celles de la Sardaigne, et le
paquebot *La Seyne*, avec une alternative assez douce
de roulis et de tangage, faisait majestueusement son
entrée dans le détroit de Messine.

Du pont où il était resté comme en extase, les yeux
attachés au rivage, Frère Olympe aperçut le village de
*Scylla* et put contempler le *terrible* écueil du même
nom sans en rien redouter ; mais à l'inverse du proverbe, il devait se heurter à Charybde plus tard.

En attendant ce jour caché encore dans les secrets
de la divine Providence, notre pèlerin, tranquille et
rêveur, se redisait à lui-même ce couplet d'une de ses
chansons d'autrefois intitulée : *Le Ciel du Midi*, sorte
de *Voyage imaginaire* qui allait enfin, au moins en
partie, devenir pour lui une réalité :

> « Voici les prés fleuris de la Sicile
> Que Théocrite et Virgile ont vantés ;
> Malte, des preux antique et saint asile ;
> Scio, Délos, par Homère chantés.
> Mais où sont-ils les héros de l'Ellade ?
> D'un peuple mort respectons le sommeil.
> Salut : Cadix, Barcelone et Grenade !...
> Ciel du Midi, qu'il est beau, ton soleil ! »

Sans faire escale à Messine, malgré l'attente générale, le paquebot poursuivit sa route, poussé par le vent arrière.

La journée était superbe, et, sous les rayons étincelants du soleil, le vapeur semblait éparpiller autour de lui des milliers de perles irisées, de rubis et d'émeraudes.

Le commandant du bord avait bien voulu mettre à la disposition des passagers ses lorgnettes et ses longues-vues. On distinguait donc parfaitement les îles *Lipari*, appelées aussi *Eoliennes* ou Vulcaniennes, qui rappellent, mythologiquement parlant, les antres d'Eole et les forges de Vulcain.

Tout à l'heure, on avait à bâbord le Vésuve ; voici maintenant, à tribord, l'Etna, hauteur : 3,315 mètres. On vogue véritablement au milieu des volcans.

Bientôt on ne distingue plus que confusément les côtes de la Calabre et de la Sicile. Désireux de tout voir, ceux des passagers qui étaient bien portants allaient de tribord à bâbord, et *vice versâ* pour contempler les rivages opposés.

Mais la cloche du quart a sonné minuit, le détroit est loin, l'horizon s'élargit, c'est la haute mer et son immensité.

On se retire dans les cabines. Notre pèlerin, lui, cherche à découvrir, aux blafardes lueurs de la lune, quelque ombre blanchâtre qui puisse faire deviner une terre à l'horizon. Mais de même que dans les déserts du Sahara le voyageur inquiet n'aperçoit partout que du sable, ainsi Frère Olympe, attristé, bien que saisi d'admiration, n'aperçoit que de l'eau, toujours de l'eau. Malgré lui, il rééditait mentalement le mot célèbre du brave maréchal : Que d'eau ! Que d'eau !

Ce n'est qu'au matin du troisième jour qu'il entrevoit, à travers la brume, et reconnaît en consultant la carte marine, dont il avait eu soin de se munir, le cap Gallo, autrefois Messénie, et à peu de distance, les îles Sapienza et Cabrera.

Par la pensée, on croyait doubler déjà Matapan, le cap Ténare des anciens, mais il fallait traverser le redoutable golfe de Coron, passage réputé dangereux, paraît-il, d'après les récits des voyageurs au long cours.

Jusque-là, le vent avait été favorable, mais les nuages amoncelés et menaçants présageaient une prochaine tempête. Déjà l'on entendait dans le lointain les roulements du tonnerre répercutés par les échos des montagnes. Les flots se soulevaient avec un bruit effrayant, les vagues *battaient* et se brisaient avec fracas contre les flancs du navire. Parfois même le pont du steamer était inondé par les lames de la mer démontée.

*La Seyne* se livre alors à une danse terrible ; roulis et tangage alternent avec une violence inouïe. Le pauvre bateau, mal lesté peut-être, plonge sa proue dans l'abîme, *pique une tête*, selon l'expression pittoresque des marins, se redresse ensuite sur la vague qui passe, se penche horriblement à bâbord et ne se relève que pour s'abîmer à tribord.

Notre pèlerin, saisi d'épouvante, tout intrépide et tout fin de siècle qu'il était, finit par se réfugier dans sa cabine.

Quel triste spectacle s'offre à sa vue ! Quel tableau à la fois drôlatique et lamentable !

Culottes et pantalons, vestons et soutane, cuvettes, pots àeau et autres ustensiles innommables gisaient sur le parquet inondé, dans un pêle-mêle indescriptible.

Et du milieu de tous ces objets hétérogènes, le malheureux abbé, gisant sur sa couchette, le visage pâle et aussi blanc qu'un linceul, marmottait des prières à la *Bonne Mère*. Mais la Sainte-Vierge semblait demeurer sourde à ses supplications ; la tempête augmentait de violence.

Enfin, malgré les réponses évasives de l'équipage, pour ne point effrayer les passagers, c'était bien plus qu'une bourrasque. Notre pèlerin allait donc enfin voir une véritable tempête et des plus corsées !...

### III

« Descendez le mât de hune, lestement ! Plus bas ! mettez à la cape avec la grande voile !.. virez de bord ! présentez les deux basses voiles ! au large !.. »

Cette citation d'un passage de la comédie, de Shakespeare, qui a pour titre : *La Tempête*, vient merveilleusement en aide à l'insuffisance de mon éducation nautique, laquelle, je l'avoue humblement, fut singulièrement négligée.

Ayant donc à décrire ici une abominable tempête, et manquant, d'autre part, de la science suffisante pour expliquer convenablement quel était le vent qui soufflait alors ; s'il venait de l'Est, du Nord-Ouest ou du *suroît*, je crois avoir, par la citation ci-dessus, satisfait aux exigences les plus difficiles.

Je renvoie donc l'aimable lecteur à la fameuse tirade de Gros-René dans le *Dépit Amoureux*, et je passe outre.

La peur, dit-on souvent, est pire que le mal. Preuve en est-elle qu'insensiblement elle avait gagné notre pèlerin. A force d'avoir entendu son compagnon de cabine réciter des *Ave, maris stella*, il se prenait lui-

même à recommander son âme à Dieu, comme si sa
dernière heure fût arrivée.

Sa frayeur redoubla lorsque, sur un choc plus terrible des lames furieuses, le navire trembla et craqua
sur sa quille, comme si elle fût allée se briser contre
un écueil. Oh ! alors, le pèlerin fin de siècle sentit
toute son assurance l'abandonner, saisit son chapelet,
dont il se mit à égrener les dizaines d'une main fébrile,
en récitant force *Ave, Maria*.

L'abbé, plus mort que vif, ronronnait son refrain :
« Nous sommes perdus ! C'est fait de nous ! »

A un certain moment le vapeur sembla tournoyer
sur lui-même, comme dans un tourbillon.

« Sainte Vierge Marie, nous allons sombrer ! »
murmura le pauvre missionnaire.

Pour comble d'infortune, le sabord de la cabine
s'ouvrit violemment, et une nouvelle inondation sub-
mergea pour ainsi dire les hardes de nos deux passagers. Mais notre pèlerin, rappelant à lui toute son
énergie, appela le garçon qu'il eut beaucoup de peine
à réveiller.

Le garçon consentit enfin en maugréant à venir
fermer le sabord.

Nous devons rejeter cet accès de mauvaise humeur
sur le compte de la tempête : car, à bord de *La Seyne*,
la politesse et l'urbanité la plus courtoise sont habi-
tuelles dans les rapports des employés envers les passagers. Il n'en est pas de même, à beaucoup près, sur
les navires grecs ou autrichiens.

La nuit entière se passa dans des terreurs conti-
nuelles, au milieu des cris des matelots, des refrains
intraduisibles, chantés par une multitude de soldats
de l'armée turque se rendant à Salonique ou à Smyrne,
tandis que les futailles vides secouées par les brusques

mouvements du navire roulaient avec un bruit agaçant de l'avant à l'arrière et *vice versâ*.

La mer ne commença de se calmer qu'à la première lueur du jour. Lorsque les garçons eurent recueilli, pour les jeter à la mer, les débris de vaisselle cassée amoncelés dans les salles de l'entrepont, un délicieux moka, accompagné d'une copieuse goutte de rhum ou de cognac, fit bientôt, en réconfortant leur estomac, oublier aux passagers les accidents de la tempête nocturne.

Comme la mer était encore légèrement houleuse, le pauvre abbé refusa de s'asseoir à la table du salon des secondes, et notre pèlerin se chargea volontiers de lui porter sa tasse de café dans son lit. Il est si bon et si beau de s'entr'aider lorsqu'on a partagé les mêmes périls !

Laissant ensuite le bon abbé se remettre peu à peu de ses frayeurs, notre pèlerin se plongeait délicieusement dans la lecture de l'*Itinéraire* de Châteaubriand et regrettait, en son for intérieur, de n'être pas, comme l'avait fait l'immortel auteur des *Martyrs*, descendu à terre pour visiter les côtes de la Messénie. Combien de points de vue, en effet, avaient été perdus pour lui dans la tourmente !... Il n'avait contemplé ni le Taygète, couvert de neige, ni le mont Ithôme, isolé comme le Vésuve et tronqué comme lui à son sommet ; il n'avait pas aperçu la petite ville de Coron, qui, d'après Chateaubriand, n'est qu'un amas de ruines modernes.

## IV

Cependant, par cette belle matinée et sous le doux climat du Péloponèse et de ses îles, sur cette surface liquide à peine ridée par la brise, sur une mer d'*huile*, comme disent les marins, notre héros naviguait, par la pensée, en pleine mythologie, au cœur même des traditions et de la fable antiques.

Tandis qu'à l'horizon se découpaient en un blanc brillant, sous le ciel bleu, les hauteurs du Taygète, s'ouvrait aux regards charmés le vaste golfe de Laconie, au fond duquel se trouve l'embouchure de l'Iri.

Puis, on double le cap Malée, sur la croupe duquel on distingue la cellule d'un bon ermite qui fait tinter la clochette de sa petite chapelle solitaire, aussitôt qu'il aperçoit un navire, comme pour appeler sur l'équipage et sur les passagers la bénédiction d'en haut. Mais par la nuit affreuse que l'on venait de passer, qui aurait pu distinguer l'ermitage ? qui aurait pu entendre le tintement de sa clochette ?

A l'opposé, voici l'île de Cérigo. Plus tard, se montreront Salamine, Egine, Athènes, Sunium, Délos ; plus loin encore Chio, Lesbos, noms sonores marqués par la poésie d'une empreinte indélébile et charmante.

La plupart des îles de l'archipel ont trois noms : le nom ancien, qui est le terme poétique ; le nom moderne, qui est le terme géographique ; le nom turc qui est le terme officiel. Mais en dépit des cartes et de la politique, c'est le nom ancien qui a presque toujours prévalu. Qu'est-ce que Midilli ou Métélin, Kryt ou Candie, Tchoquœ-Adaci ou Cérigo ?... Tout le monde dit Lesbos, la Crète, Cythère. Qu'est-ce que l'Iri ? Nommez plutôt l'Eurotas ; Mavro-Vouni ? Nommez l'Hymette, séjour chéri des nymphes, des poètes et des abeilles.

Combien de fois d'ailleurs le navire vint-il à côtoyer une petite île sans nom connu, oubliée peut-être par les géographes sur leurs cartes, bordée d'une multitude de petites baies découpant le rivage comme de la dentelle !... Au centre de cet îlot surgit une haute montagne boisée, dont la brise apporte de loin les émanations embaumées. On se prend alors à souhaiter de passer sa vie dans cette solitude profonde, au milieu d'une famille aimée, comme faisaient les patriarches des anciens jours !...

V

Le paquebot *La Seyne*, ayant le vent arrière, semble filer rapide comme l'éclair, aux rayons d'un soleil splendide, sur un tapis mouvant, constellé d'émeraudes et de turquoises. Vers la droite apparaissaient les îles de Spezza et d'Hydra, petits îlots rocheux appartenant au groupe des Cyclades.

Enfin, en arrière de Belbina, on aperçoit les collines de l'Attique et le promontoire Sunium.

En face, on a le Pirée et l'île de Salamine. Vainement les géographes modernes ont pris à tâche de la débaptiser en l'appelant Coloura : c'est toujours Salamine !...

Un spectacle enchanteur s'offre à la vue. Ravis, les passagers s'apprêtent à descendre à terre. Malheureusement, ils ne devaient contempler ce panorama que de loin. L'Acropolis, le Château royal, la montagne Saint-Georges, ruines de temples et d'édifices, la ville d'Athènes, enfin, devaient être pour eux ce que fut autrefois la Terre-Promise pour les Hébreux.

Trois heures étaient à peine accordées aux passagers pour se rendre à Athènes par le chemin de fer du Pirée, visiter les antiquités de la ville et revenir à bord. C'était trop peu.

Force leur fut donc de rester sur le pont, en maudissant leur mauvaise étoile et de faire contre mauvaise fortune bon cœur.

Notre pèlerin, lui, plus désappointé que tous les autres, acheta d'un colporteur grec monté à bord une douzaine de photographies d'Athènes et de ses principaux monuments,

« Se contentant dès lors de les voir en tableau ».

Lui sera-t-il permis jamais de les voir en réalité ?...


VI

Après cinq heures de relâche en vue du Pirée, et non pas trois heures, comme l'avait d'abord annoncé le capitaine, le paquebot reprit sa course. Il ne se dirigea point sur Smyrne ; à cause des nombreuses marchandises qu'il transportait à Salonique, il fallut faire encore une relâche de plus d'une demi-journée en vue de cette ville.

Les ports des villes maritimes orientales, ou plutôt les baies plus ou moins étendues que l'on a décorées indûment du nom de *port*, présentent tous, à l'exception pourtant de celui de Smyrne, un accès difficile, dangereux même. Aussi, les navires stationnent-ils assez loin du rivage, et les passagers sont obligés de s'y rendre par barques.

Cet arrêt en vue de Salonique augmenta le désappointement de certains passagers, pressés d'arriver à Smyrne : cependant le coup d'œil vraiment féerique qui s'offrit à leurs regards suffit amplement à les dédommager de ce contre-temps.

Cette jolie ville de Salonique, avec ses blanches maisons à terrasses, ses antiques ruines et ses hauts minarets, qui se mirent dans les eaux limpides du golfe, était, pour nos passagers, la première cité musulmane qu'ils avaient eu à visiter depuis leur départ. Aussi, les jumelles et les lunettes d'approche eurent-elles beau jeu.

Ces notes de voyage, simples et succinctes, n'ayant point la prétention d'être un *Guide*, et encore moins un cours de géographie, nous donnerons peu de détails sur Salonique, ou Thessalonique, ainsi qu'elle s'appelait jadis.

Notre pèlerin eut, cette fois, la bonne fortune de pouvoir descendre à terre. Un bon Frère de la Doctrine chrétienne qui, comme lui, s'appelait aussi Frère Olympe, s'empressa de s'offrir comme *cicerone*, et ils firent ensemble une promenade dans la ville.

La population étant mixte, il y a le quartier turc, le quartier grec, le quartier juif et le quartier catholique.

C'est dans ce dernier, le plus propre des quatre, que se trouve l'Institut des Frères et la Maison des Prêtres Lazaristes.

Le cœur se serre à la vue de la richesse déployée dans les mosquées, dans les églises grecques schismatiques et dans les synagogues, comparée au dénuement des chapelles du culte catholique. A Salonique, ces chapelles méritent à peine une visite.

Quelque chose d'admirable, c'est la façon vraiment merveilleuse dont se pratique l'éducation dans la Maison des Frères. Dans ce corps de bâtiment assez petit, ces bons Frères sont parvenus à réunir autour d'eux une trentaine d'enfants de nationalités et de religions diverses ; il y a même des petits juifs et des petits turcs, dont les familles ont préféré placer leurs enfants en pension chez les Frères, au préjudice des écoles grecques, turques ou juives de la ville.

Tous ces chers petits jouent, prient, travaillent ensemble et, paraît-il, s'accordent à merveille.

Parmi les monuments curieux de Salonique, Frère Olympe fit visiter à son homonyme l'église *Sainte-Sophie*, où saint Paul, dit-on, prêcha l'Evangile. Elle est assez riche en mosaïques.

L'accès des mosquées est généralement interdit aux étrangers, mais ils peuvent, à l'aide d'un bon et généreux *baschich*, vraincre les répugnances des gardiens turcs.

En sa qualité de religieux, du moins quant à la robe, notre pèlerin se vit partout accueilli de la façon la plus cordiale. Frères, prêtres, enfants, tous l'appelaient : *Mon Père* et même *Mon Révérend Père* gros comme le bras.

On le pria même de vouloir bien interroger les élèves sur la grammaire et la littérature françaises.

Notre héros soutint son personnage avec le plus d'aplomb qu'il lui fut possible, et, vu son extérieur vénérable, il parvint à donner sur sa profession le change à tout le monde.

Une parole d'un des Frères lui causa pourtant une certaine inquiétude. Comme notre pèlerin s'avisa de dire qu'il se rendait comme professeur au collège de Salima, quelqu'un des bons Frères lui dit : « Vous allez à Salima ?... Oh ! alors, vous n'y resterez pas longtemps. — Pourquoi ? — C'est que personne n'y veut rester. »

L'heure d'une délicieuse collation offerte par les Frères à notre pèlerin, vint couper la conversation, et Frère Olympe revint à bord, n'ayant pu en savoir davantage.

## VII

De Salonique, le paquebot, rebroussant chemin, se dirigea à toute vapeur sur Smyrne, où l'on arriva enfin sans avoir éprouvé d'accident.

Cette fois, le navire put s'approcher du quai de débarquement.

Le quai de Smyrne est d'une largeur et d'une longueur prodigieuses. Il a été construit, il y a une trentaine d'années, par les soins d'une Compagnie anglaise. Ce quai magnifique, pavé de briques et de larges dalles, est sillonné par les rails d'un tramway et bordé d'un grand nombre de belles maisons à plusieurs étages, ornées d'un balcon à galeries vitrées, derrière lesquelles se dissimulent les dames, à demi voilées d'un *féredgé* presque impénétrable.

Alternent avec les maisons, le plus souvent d'architecture grecque ou mauresque, une assez grande quantité de cafés, *caffénéïons*, ainsi que l'indiquent les inscriptions en langue grecque sur la façade des établissements.

Dans l'intérieur de ces cafés, ou débits de liqueurs, on fait souvent de la musique. Dans deux ou trois établissements même, on donne des concerts et des représentations théâtrales. L'orchestre est presque tout entier composé de *tziganes* ou de jeunes filles hongroises, jouant assez bien, ma foi ! de divers instruments de musique. La contrebasse, instrument peu léger, est jouée par un musicien.

Une grande liberté règne parmi ces jeunes musiciennes, dont deux ou trois sont aussi chanteuses et actrices de pantomime. Après chaque morceau, ou durant les entr'actes, elles se promènent dans la salle, essayant de lier conversation avec les consommateurs,

*Honni soit qui mal y pense !...* car un habitué de ces concerts, qui se trouvait à bord, affirma, sur l'honneur, que toutes ces jeunes filles sont très sages.

On s'imagine si notre pèlerin désirait visiter Smyrne, cette perle de l'Orient !

Il fit part de son projet à deux ou trois officiers du navire, et ceux-ci s'offrirent pour l'accompagner, à condition pourtant qu'il échangerait sa robe de moine contre des vêtements bourgeois.

Frère Olympe s'écria : « Qu'à cela ne tienne ! » et zeste ! en un tour de main, il se travestit en gentleman de la fashion parisienne. On trouva qu'il avait meilleure mine sous ce costume que sous l'habit, d'ailleurs incomplet, du religieux. Nos lecteurs verront plus loin quel préjudice énorme lui causa l'absence du capuchon traditionnel.

Voilà donc notre pèlerin laïcisé, quant au costume, descendu à terre en compagnie de trois des officiers du bord, tous trois jeunes, gais, spirituels et d'une distinction parfaite.

C'était précisément l'heure vulgairement appelée *de l'absinthe,* dans le monde des boulevardiers parisiens. Le meilleur moment, d'ailleurs, pour une promenade sur le quai de Smyrne, unique au monde. Le coup d'œil est, à cette heure-là, vraiment pittoresque. C'est un va-et-vient de presque tous les costumes de l'univers.

Depuis la femme musulmane, dont le visage, hermétiquement voilé, disparaît, sauf les yeux, derrière une cloison impénétrable. Ce serait le cas de redire, avec Frédérick, dans *Don César de Bazan* : « Jamais je n'ai vu de femme aussi calfeutrée ! »

A continuer par la dame ou jeune fille juive, richement vêtue à l'orientale, mais le visage découvert, jusqu'à la bohémienne au teint bistré, que ses oripeaux défraîchis semblent embellir encore... Quant aux costumes masculins, ils sont innombrables et presque tous propres et assez crânement portés.

Beaucoup d'officiers et de soldats grecs ou albanais.

Le tout parsemé de derviches, de *papas* (prêtres grecs) et de moines catholiques, marquant çà et là de taches sombres ce riant assemblage de couleurs éclatantes et criardes...

Les rues de Smyrne sont, pour la plupart, étroites et mal pavées. L'indifférence et la malpropreté musulmanes s'y manifestent dans tout leur éclat. Une des plus larges est la rue *Franque,* qui traverse, comme l'indique son nom, le quartier catholique habité par la colonie *française.*

Les différents quartiers, turc, grec, israélite, sont très souvent en guerre les uns contre les autres. Aussi, est-il imprudent pour les étrangers de s'y aventurer la nuit. Même en plein jour, il n'est pas rare de voir des rixes de ménage au milieu de la rue, au grand esclaffement des curieux et curieuses, accoudés aux fenêtres des maisons voisines. Quant à la police, elle brille par son absence. On prétend qu'en pleine rue *Franque,* sur le coup de midi, un français fut frappé mortellement d'un coup de poignard par un grec qui se perdit dans la foule. Le blessé fut emporté à l'hôpital..... Il n'y eut seulement pas un semblant d'enquête.

Une promenade dans la rue *Franque,* qui est à vrai dire moins large que le *Corso* de Rome, serait assez agréable si elle était réservée aux piétons seulement. Mais les ânes, les chameaux, attachés jusqu'à une vingtaine à la file par de longues cordes et, en outre, les cavaliers et les voitures, tout cela passe à la fois dans cette grande rue unique, et le pauvre piéton, pour ne pas être écrasé ou piétiné par un chameau, doit rentrer dans les bazars ou demeurer collé contre la muraille, jusqu'à la cessation momentanée de l'encombrement habituel.

Ces détails suffiraient peut-être pour donner une faible idée de Smyrne, si notre pèlerin n'avait dû voir cette ville qu'en passant. Mais un accident qui aurait pu avoir pour lui les suites les plus fâcheuses, vint obliger Frère Olympe à séjourner à Smyrne plus longtemps qu'il ne l'avait supposé.

## VIII

Nous avons dit qu'il était descendu à terre avec trois officiers du bord. Après une promenade sur le quai et dans les divers quartiers de Smyrne, nos quatre visiteurs entrèrent dans un des cafés-concerts dont nous avons parlé plus haut. Après un repas sommaire et plusieurs petites tasses d'un excellent café, préparé sur leur demande, à la façon française, ils passèrent la soirée assez agréablement à écouter les chansonnettes turques, grecques, arabes et même françaises, débitées par les virtuoses du lieu. Le tout fut terminé par un drame-pantomime vraiment aussi bien joué qu'au Palais-de-Cristal ou à l'Alcazar de Marseille.

Vers onze heures et demie du soir, notre pèlerin, saturé de musique et tombant de sommeil, allait remonter à bord avec les officiers, lorsqu'il lui vint la malheureuse idée de les devancer de quelques pas. Il se dirigea donc vers le bord de la mer, plongé alors dans l'obscurité, vu l'absence totale des becs de gaz. Comme Frère Olympe était affligé d'une myopie désespérante et qu'il avait ôté ses lunettes, il prit les dalles qui longent le quai pour la bordure d'un trottoir et, résolument, croyant marcher sur un terrain solide, plouff! il fit dans l'eau une chute terrible. Étourdi d'abord — on le serait à moins — il but quelques gorgées de l'onde amère. Mais il reprit bientôt possession de lui-même, et se rappelant qu'il portait dans une des pochettes de son paletot une lettre chargée qu'il devait remettre à un missionnaire à *Mersina,* il eut la présence d'esprit de la retirer de son gousset et de la maintenir au-dessus de l'eau.

Les officiers, fort surpris d'abord de ce nouveau procédé de natation, crièrent au pauvre frère qui se débattait désespérément :

— Où allez-vous donc ?

— Eh ! vous le voyez bien !

— Savez-vous nager ?

— Comme un chien de plomb !

— Dans ce cas, accrochez-vous après les pierres, tâchez de remonter, ce n'est pas haut.

— Pas moyen, il n'y a aucune aspérité, s'écria le pauvre frère en faisant volte-face.

— Alors, maintenez-vous bien la tête hors de l'eau, collez-vous le ventre contre la muraille, et passez-nous un de vos bras et une de vos jambes!

— Si vous croyez que c'est facile !

— Alors, attendez, je vais me jeter à l'eau pour vous repêcher, dit l'un des officiers en commençant à se déshabiller.

Pendant ce colloque original, deux des officiers s'étaient couchés à plat ventre sur le bord du quai. Frère Olympe parvenait enfin à passer à l'un son bras gauche et à l'autre sa jambe droite...

— Oh ! hisse !... oh ! hisse !...

Et les deux braves sauveteurs réussirent à le hisser hors de l'eau et à le remettre sur pieds.

Mais dans quel état, *bone Deus !*... Trempée jusqu'aux os, toute sa personne semblait s'être convertie en une gouttière humaine, d'où s'échappaient en cascades des ruisseaux d'eau salée... Un vrai Triton, quoi! à rendre jaloux tous les dieux marins de la mythologie aquatique!...

Mais la lettre aux valeurs était sauvée : c'était le principal.

Lorsqu'il se fut secoué violemment, comme eût fait un barbet ou un caniche, nos braves officiers de *La Seyne*, éclaboussés des pieds à la tête, et presque aussi trempés que lui, soutinrent notre héros sous les deux bras et le transportèrent comme ils purent à bord du paquebot.

Là, ils le firent changer de vêtements et de linge, pendant que ses autres effets séchaient rapidement à la chaleur ardente d'un poêle bourré de coke jusqu'au couvercle.

Après avoir absorbé plusieurs petits verres d'un rhum réconfortant de première qualité, le pauvre Frère Olympe se mit au lit, entre deux ou trois épaisses couvertures, et dormit d'un profond sommeil jusqu'au lendemain matin.

Cependant, comme dans tout accident la note comique ne perd presque jamais ses droits, nous devons relater ici une particularité qui ferait tressaillir d'aise Armand Silvestre et l'auteur de *Pot-Bouille*.

Il paraîtrait que, chemin faisant, le *repêché* et ses sauveteurs auraient eu le nerf olfactif très désagréablement affecté d'une certaine odeur *sui generis*.

C'était peut-être un résultat de l'émotion bien naturelle de Frère Olympe...

Ils ne dirent rien, mais n'en pensèrent, et surtout n'en sentirent pas moins.

Mais voilà que, de retour à bord, et après avoir fait coucher le frère *sauvé des eaux,* un des officiers, qui s'étaient étendus ventre à terre pour hisser notre pèlerin hors de l'eau, vint à se regarder machinalement dans une glace...

Soudain, il jette un cri... Qu'a-t-il vu? *Horresco referens !...*

Une large médaille, d'un jaune doré mais non inodore, formait sur sa poitrine une décoration d'un nouveau genre.

Ce que ses camarades et le pauvre officier lui-même se mirent à éclater de rire, je le laisse à deviner !

Le brave marin avait rapporté, bien malgré lui, un signe évident de la malpropreté des Turcs !

Revenons à notre pèlerin.

Le lendemain, au point du jour, en voici bien d'une autre !

Le pauvre Frère Olympe, lorsqu'il voulut se lever et se mettre sur pieds, sentit ses jambes fléchir ; ses bras étaient comme paralysés ; il lui sembla être perclus de tous ses membres. En outre, bien qu'il fût en sueur, il frissonnait ; une fièvre brûlante s'était déclarée par suite de la réaction subite, après le saisissement de la chute et la chaude température de la cabine.

Bref, forcé de se remettre au lit, il fit demander le médecin du bord.

Le docteur, pour le rassurer, lui répondit d'abord que ce n'était rien qu'un refroidissement. Mais Frère Olympe, après quelques explications, obtint du docteur qu'il voulût bien faire prévenir le R. P. Prieur du couvent des capucins de Smyrne,

Moins d'une demi-heure après, notre pèlerin débarquait derechef à Smyrne, en compagnie d'un frère capucin, qui était venu le prendre à bord sur l'ordre du Père Prieur.

Son arrivée au couvent fit réellement sensation.

Les Révérends Pères étaient réunis au réfectoire. Le P. Prieur avait à son côté Sa Grandeur Monseigneur Cannavo, évêque démissionnaire de La Canée (Candie).

A l'aspect du pauvre Frère Olympe, que son visage pâle et blême et sa démarche chancelante faisaient ressembler à un fantôme, toute la communauté jeta un cri de stupeur.

Quant à notre pèlerin, ne perdant point sa présence d'esprit, il s'avança d'un pas mal assuré, s'agenouilla devant l'évêque, lui demandant sa bénédiction.

Le bon évêque la lui donna, adressa au malade quelques paroles de consolation ; puis, sur l'ordre du Père Prieur, Frère Olympe fut conduit à la chambre qui lui avait été préparée à la hâte, chambre très convenable pourtant et où rien ne manquait, pas même un moustiquaire, accessoire fort utile en Orient.

Quelques instants après notre pèlerin reposait dans un bon lit, et recevait la visite de Monseigneur ; après quoi il s'endormait, se croyant encore bercé par le mouvement du bateau.

Le lendemain et les jours suivants, Frère Olympe, complètement remis de ses émotions, suivait assidûment tous les exercices de la communauté.

Le jour de la fête de Saint-Etienne, il eut l'honneur de prendre part à un véritable festin préparé à l'intention de fêter Sa Grandeur Mʳ Timoni, archevêque de Smyrne.

Parmi les convives, on remarquait Sa Grandeur

Monseigneur Cannavo, M. l'abbé Marengo, M. l'abbé Malterre et quelques autres prêtres encore.

Monseigneur Timoni officia pontificalement dans l'église paroissiale Saint-Polycarpe, à l'office du matin et à celui du soir. La soirée de cette belle fête se termina par un salut très solennel.

On ne saurait, en France, se faire une idée exacte, sans en avoir été témoin, des splendeurs déployées dans l'église des Révérends Pères Capucins, à Smyrne, les jours de grandes solennités.

Derrière le maître-autel, revêtu lui-même d'étoffes soyeuses et de riches dentelles brodées d'or, s'élèvent presque jusqu'à la voûte de l'édifice, sur des gradins garnis de fleurs et de guirlandes, une quantité prodigieuse de cierges, tous différents et alternant avec une symétrie parfaite de grosseur et de hauteur.

Comme, cette année, les fêtes de Noël coïncidaient avec celles de l'Adoration perpétuelle, l'autel majeur était transformé en un véritable reposoir de proportions gigantesques.

L'image si vénérée à Smyrne du grand évêque saint Polycarpe disparaît entièrement ces jours-là derrière un rideau de lumières. Au point culminant, rayonne le *divin Soleil* de l'Eucharistie qui, par le moyen d'un mécanisme ingénieux dissimulé sous des draperies, descend de lui-même sur l'autel, au moment de la bénédiction du Saint-Sacrement.

Ce système de rails ainsi appliqué aux choses saintes ne laisse pas de paraître quelque peu irrévérencieux pour la présence réelle de la divine Hostie, et l'on ne voit, que je sache du moins, rien de pareil dans nos églises de France.

Toutes les colonnes de la nef sont revêtues de tentures rouges à franges jaunes, lesquelles me parurent être plus fraîches que celles qui s'offrirent à mes yeux dans la basilique vaticane, lors des deux voyages que je fis à Rome, en 1868 et en 1889.

En dépit des assertions des reporters enthousiastes, dont les yeux hypnotisés ne voient partout qu'étoffes de brocard, crépines de velours rouge rehaussées d'or, les vieilles tentures outrageusement fanées du Vatican mériteraient bien d'être reléguées dans un musée d'antiquités, pour être remplacées par des neuves, et les ignobles ficelles qui les attachent aux colonnes de Saint-Pierre devraient bien faire place à des cordons de soie rouge.

C'est bien là, dans ces menus détails, que l'œil de l'observateur reconnaît le mauvais goût de l'ornementation italienne, qui prétend concilier d'une façon si maladroite les merveilles de l'architecture et les oripeaux fanés dont elle les couvre.

C'est ainsi qu'aux jours de grandes fêtes, dans les églises de Rome et des grandes villes d'Italie, marbres précieux, peintures, mosaïques, sculptures et inscriptions, tout disparaît derrière ces misérables draperies, qui parfois ne sont que des loques, au grand désappointement du visiteur curieux qui veut voir et s'instruire. A ses plaintes réitérées, le sacristain répond : « Venez après le temps de Noël ! » ou « Repassez après le temps pascal... les tentures seront enlevées. »

Par bonheur, les murs et les colonnes de l'église Saint-Polycarpe, à Smyrne, n'ont rien de beau à faire admirer.

Revenons à la fête.

A Smyrne, en particulier, le pavé du chœur a disparu sous de moelleux tapis aux dessins de formes et de couleurs variées, splendide produit de l'industrie locale.

A Saint-Polycarpe, à l'instar des églises de Rome, la grand'messe et le salut sont chantés en musique par des chœurs d'hommes et d'enfants, placés dans la tribune des orgues. Les vêpres, à Smyrne, sont, en tout point, conformes au plain-chant de l'Antiphonaire romain.

Quelles douces et consolantes émotions ressentit notre pèlerin à la vue de toutes ces splendeurs du culte catholique, le seul où l'on puisse les contempler ; car le culte protestant, d'une sécheresse, d'une monotonie désespérante, n'a rien qui parle au cœur. Ses temples sont vides et nus et souvent, comme dans la cathédrale de Lausanne, par exemple, n'offrent pas même à la vue l'image d'un crucifix !...

Quinze jours s'écoulèrent ainsi pour notre pèlerin dans l'alternative des fêtes chrétiennes et des visites aux monuments et aux curiosités de la ville. A part la cathédrale Saint-Jean, vaste église qui rappelle un peu celle de Saint-Sulpice, à Paris, et la jolie chapelle des prêtres Lazaristes, sans oublier le magnifique établissement des religieuses de l'Apparition, peu de monuments religieux de Smyrne méritent une visite.

Mais l'église des Grecs, dont le haut clocher rivalise de hauteur avec les minarets des mosquées, aurait ici une description particulière, s'il avait été donné au Frère Olympe de pouvoir y pénétrer. L'habit religieux qu'il portait, quelque incomplet qu'il fût, lui interdisait formellement cette visite. De même pour les mosquées.

Notre pèlerin était destiné à ne connaître que la magnifique mosquée d'Omar, à Jérusalem. D'ailleurs, tous ces édifices d'un culte étranger le laissaient absolument froid et indifférent.

Les cimetières turcs, dont les écrivains orientalistes

nous font de si longues descriptions, ne lui inspirèrent qu'une douloureuse tristesse.

Toutes ces pierres tumulaires, à demi couchées et coiffées d'une sorte de turban, ont quelque chose qui surprend et qui navre.

Les bords désertés du célèbre cours d'eau, le *Mélès*, chantés par Homère, n'ont plus rien qui puisse charmer.

Quoi qu'en dise un écrivain, dont j'ai le livre sous les yeux, Smyrne est aussi bien une ville turque qu'une ville grecque ; elle est arménienne, elle est juive aussi, mais elle n'est rien moins que chrétienne catholique. La lèpre du protestantisme anglican gâte tout.

La langue grecque, il est vrai, domine dans les inscriptions, aux façades des restaurants et des cafés, mais l'or anglais, la *fashion* britannique y règnent en maîtres ; les religieux catholiques, les capucins et autres, ont trop peu de ressources pour soutenir cette lutte inégale.

La Compagnie de Jésus, ici comme à Beyrouth, possède un magnifique établissement, le collège de la Propagande ; les capucins ont aussi quelques écoles, mais les jésuites l'emportent partout en Orient sur toutes les autres maisons religieuses, grâce à l'argent qui afflue chez eux de tous côtés.

On devrait faire, je crois, à Rome, une répartition plus équitable des sommes que fournissent la Propagation de la Foi et toutes les autres Œuvres. On donne trop aux uns et pas assez aux autres. C'est ce qui nuit et nuira longtemps encore aux missions de Syrie et du Liban. Le collège de Salima n'existe peut-être plus à l'heure où nous écrivons, et cela faute des ressources nécessaires pour soutenir la concurrence.

## IX

Le couvent des RR. PP. capucins de Smyrne mérite une mention particulière, pour sa situation très favorable au milieu de la rue Franque, pour ses longs et larges corridors aux murailles ornées de tableaux, plans ou dessins fort curieux ; pour le nombre considérable de ses chambres bien aérées et confortablement meublées, et encore pour sa spacieuse terrasse qui, comme à toutes les demeures orientales, sert à la fois de toit et de promenoir.

Elle est, en effet, la promenade habituelle des Pères, après les repas, surtout le soir, durant les beaux jours d'été. Dans la journée, un *velum* l'abrite et la défend contre les rayons du soleil.

De cette terrasse, l'œil découvre toute une partie de la ville, avec ses tours carrées, ses dômes, ses coupoles, ses minarets... De temps à autre, surtout dans les jours du *ramadan* ou carême des Turcs, on entend la voix perçante du *muezzin* qui, du haut d'un balcon sculpté à jour et comme suspendu entre terre et ciel, invite les musulmans à la prière. Dans cet appel aérien, le nom sacré *d'Allah* se rencontre souvent ; c'est à faire rougir de honte notre pauvre France où l'on semble éviter aujourd'hui de prononcer le saint nom de Dieu !...

Ainsi songeait notre pèlerin dans l'amertume de son cœur.

Mais à cette triste pensée s'en ajoutait une autre.

Nonobstant leur solide piété, toute leur vertu même, les bons Pères, italiens d'origine et de caractère, ne ménageaient guère, en leur langue imagée, la susceptibilité de l'humble tertiaire, leur hôte. Persuadés que celui-ci, pauvre Français fourvoyé, livré à leur merci, ne comprenait que fort peu leur langage, ils ne lui épargnaient ni quolibets ni *lazzis* plus ou moins spirituels, mais tous empreints de cette animosité systématique et voulue que l'Italie ressent contre la France qui, cependant, — les Italiens auront beau s'en défendre — a créé l'unité italienne, en dépit du *farà da se* légendaire.

Ce n'était qu'aux heures des repas qu'ils pouvaient ainsi donner libre carrière à leur jovialité, parce que le..... *Français* était alors présent ; aussi, ces bons Pères s'en donnaient-ils à cœur joie.

Seulement, pour cacher leur jeu et donner le change à leur hôte, quelqu'un des Pères daignait, de temps en temps, lui adresser la parole en français.

Le pauvre Frère se disait alors : « Enfin, on pense à moi ! » Mais à peine avait-il répondu quelques mots, la conversation en italien reprenait de plus belle, et les *lazzis* aussi.

Remarquons, en passant, que l'italien est parlé de préférence à toute autre langue dans les établissements religieux du Levant.

Smyrne, catholiquement parlant, serait, au point de vue du langage, une ville italienne..... Riez, si vous voulez, du paradoxe... Les prêtres et moines italiens, comme Guzman, ne connaissent pas d'obstacles. Chez nous, avec le rite romain, n'ont-ils pas réussi, en 1874, à italianiser, à ultramontaniser tous les diocèses de France, quant à la liturgie ?...

Ennemis jurés de tout ce qui est de France et vient de France, n'ont-ils pas forcé nos évêques à répudier les belles proses de nos fêtes solennelles, à retrancher de nos saints offices les magnifiques hymnes de Santeuil, pour y substituer leurs hymnes romaines, plates, inélégantes, bourrées d'élisions et de chevilles, saupoudrées et saturées d'antithèses et de jeux de mots puérils, leurs hymnes, enfin, qui sont devenues d'autant plus incorrectes qu'elles ont été plus corrigées ?..

Pardon pour cette petite digression.

A la vue des procédés peu courtois employés à son égard, Frère Olympe ne pouvait s'empêcher de songer que si les capucins de Smyrne l'avaient bien accueilli d'abord, c'est qu'ils n'avaient pu se défendre d'un sentiment de commisération pour un étranger qui portait leur habit, au capuchon près ; mais qu'ensuite ayant réfléchi que leur hôte était, non-seulement Français, mais *Parisien (!!!)* ils avaient volontiers méconnu à son endroit les lois de la charité chrétienne et les règles les plus vulgaires de la politesse et du savoir-vivre.

On ne s'imagine pas quel effet produit, dans certains milieux, la qualité, le mot seul de *Parisien !* C'est une sorte d'épouvantail et la peur qu'il inspire le rend d'avance le point de mire de toutes les attaques.

Une nouvelle déconvenue attendait encore notre pèlerin.

Désireux de lire quelques journaux français, Frère Olympe s'était rendu dans un petit magasin de librairie où l'on vendait des journaux de Paris, tels que *Gil Blas,* le *Figaro,* le *Petit Journal* et autres. On y vendait même la *Lanterne* et son supplément... *Proh pudor !*..... Armand Silvestre et la pornographie parisienne avaient pénétré jusqu'à Smyrne !

Comme le libraire parlait correctement le français, Frère Olympe, ravi de la rencontre, engagea volontiers la conversation.

On parla de tout, un peu. Frère Olympe, sevré si longtemps de la parole chez les capucins, semblait prendre à tâche de rattraper le temps perdu.

Frère Olympe apprit même au libraire qu'il était envoyé en mission au collège de *Salima*, en qualité de professeur français. Le libraire ne put réprimer un sourire.

« Comment, dit-il, c'est là qu'on vous envoie, dans ce prétendu collège français dirigé par un moine italien et par un laïque allemand ! Vous allez vous trouver seul Français au milieu de professeurs étrangers.

— Mais pourtant, objecta F. Olympe, le professeur Français que je remplace, y est, m'a-t-on dit, resté cinq ans.

— Je le sais, répliqua le libraire. Mais s'il y est resté cinq ans, c'est malgré lui et en dépit de ses demandes réitérées.

— Mais enfin, reprit Frère Olympe, pourquoi voulait-il s'en aller ? Etait-il donc maltraité par ses supérieurs ?

— Les détails seraient trop longs. Tout ce que je puis vous dire c'est qu'un Français, seul au milieu de tous ces jeunes arabes, anciens élèves du collège dont on a fait des soi-disant professeurs, s'y trouve très malheureux. Il n'est pas de méchancetés qu'ils ne lui fassent, surtout s'il est supérieur à tous les autres par son instruction.

— Mais...

— Enfin, vous verrez par vous-même, vous en jugerez... »

L'entretien se serait prolongé sur ce sujet et peut-être eût changé les résolutions et même l'itinéraire du pauvre Frère. Mais l'entrée d'un client fort affairé, paraît-il, coupa court aux confidences médisantes du libraire..... Il était écrit que Frère Olympe irait quand même à *Salima* !...

## X

Mais avant de quitter Smyrne, une émotion d'un genre nouveau, pour lui du moins, lui était réservée.

L'avant-veille du jour fixé pour son départ, comme il assistait à une messe basse, célébrée par un des Révérends Pères à l'une des chapelles de l'église Saint-Polycarpe, il entend soudain un mouvement se faire autour de lui ; c'étaient deux ou trois assistants, ses voisins, qui s'enfuyaient pour gagner la rue.

Au même instant, il sentit une commotion légère qui ne le fit pourtant pas quitter le banc où il était assis.

Moins de trois minutes après, les fuyards revenaient prendre leur place ; le danger était passé.

Ce ne fut qu'au sortir de l'église que notre pèlerin apprit qu'une secousse de tremblement de terre, assez anodine du reste, venait d'avoir lieu.

Notre héros était tout fier de ne s'être pas dérangé pour si peu de chose ; il lui semblait tout-à-fait *fin de siècle* d'avoir traité avec tant d'indifférence un phéno-mène si terrifiant d'ordinaire et dont les conséquences pouvaient être si désastreuses.

La chose est d'ailleurs fort commune à Smyrne. Il n'est pas rare de voir, dans les maisons, au moment où l'on y pense le moins, les murs osciller, les balan-ciers des pendules s'agiter d'une façon bizarre, les lampes se renverser... tandis que l'on sent sous les pieds le plancher craquer et parfois se disjoindre. Mais souvent, tout se borne là ; on en est quitte pour la peur.

Cependant, ressenties sous les hautes voûtes d'une église, ces sortes de secousses ont, ce semble, quelque chose de plus effrayant. Ceci soit dit pour l'excuse de nos poltrons de tout à l'heure.

Un dernier mot sur Smyrne. Les maisons des chrétiens se distinguent de celles des turcs en ce qu'elles sont ordinairement renfermées dans une cour, au milieu de laquelle se trouve une fontaine.

Le jour de Noël, le consul français, en grand uniforme, assistait à la grand'messe dans l'église Saint-Polycarpe.

Les bords du Mélès, comme nous l'avons dit, n'ont plus rien de leurs antiques souvenirs. Dans une promenade solitaire, notre pèlerin y rencontra même des rôdeurs, turcs ou arabes, de fort mauvaise figure.

Les environs de Smyrne sont fort agréables. On peut faire des excursions, au Mont Pagus, dont la forteresse en ruines domine la ville ; à Bournabat, à Boudja, où sont situées les villas des consuls et des négociants. On rencontre çà et là des vestiges de théâtres antiques, notamment dans certains endroits de la montagne, et des fragments de ruines, dont les habitants se servent pour bâtir leurs maisons.

Un voyageur bien muni d'argent et qui aurait beaucoup de loisirs pourrait, de Smyrne, se rendre dans les plaines de la Troade, *ad campos ubi Troja fuit*, et, l'Enéide en main, se faire expliquer par l'*agha* ou guide toutes les localités classiques... Mais dans sa situation actuelle, notre pèlerin ne pouvait se permettre un pareil écart sur la route qu'il avait à suivre.

Il lui tardait d'ailleurs d'échapper aux bavardages et aux lazzis satiriques de ces *bons* moines italiens, charitables, accordons-le, mais ignorant les plus vulgaires préceptes de la civilité française.

## XI

Le 5 janvier au soir, Frère Olympe, montait à bord du paquebot *Le Sénégal*.

Son ami le missionnaire étant parti pour *Samos*, il se trouva seul cette fois pour tout le reste de la traversée, jusqu'à Beyrouth, car il n'était pas probable qu'une affluence imprévue de voyageurs, dans les parages des *Echelles du Levant*, dût lui amener un nouveau venu dans sa cabine.

D'ailleurs, suivant son habitude, il demeura presque tout le jour sur le pont du navire, consultant de temps à autre sa carte marine.

Le navire passa rapidement devant l'île de Samos.

Le dimanche 6 janvier, on était en vue de l'île de Rhodes, de forme triangulaire, s'élevant graduellement de la mer jusqu'au sommet du Mont Artamira.

Vue de la mer, l'aspect de la ville de Rhodes a quelque chose d'imposant ; très pittoresque l'aspect de ses blanches maisons bâties sur le penchant d'une colline.

Les remparts à créneaux, garnis de tours carrées, au-dessus desquelles s'élèvent les dômes et les minarets des mosquées, attestent encore la puissance et l'énergie des chevaliers de Saint-Jean-de-Jérusalem.

Aucune trace visible du fameux colosse de Rhodes, qui, d'ailleurs, en cette fin de siècle, ne se remarquerait guère, s'il existait encore, depuis que nous avons ces trois autres merveilles : la gigantesque statue de la Liberté, de Bertoldi, qui domine le port de New-York, et, de date plus ancienne, la statue de la Vierge du Puy, sur le Mont Corneille, et celle de Saint-Charles Borromée, sur les bords du lac Majeur.

# DEUXIÈME PARTIE

## DE SMYRNE A BEYROUTH

### XII

Frère Olympe, comme plusieurs autres passagers, eût vivement désiré descendre à terre pour visiter l'île de Rhodes. Mais le paquebot ne devait relâcher qu'à Mersina.

D'ailleurs un temps superbe favorisait cette traversée. La mer était douce au possible, et, par cette nuit étoilée, il n'y avait plus qu'à s'étendre mollement sur le pont et qu'à se laisser bercer pour dormir.

Le jour, on suivait des yeux les côtes de la Caramanie. Elles étaient ou plutôt paraissaient si rapprochées du navire qu'il semblait qu'on aurait pu les toucher du doigt.

Et quel coup d'œil, quel décor féerique!... On se prenait à redire, avec le poète arabe, que chaque montagne portait l'hiver sur sa tête, le printemps sur ses épaules, l'automne dans son sein, tandis que l'été dormait nonchalamment à ses pieds...

A l'aspect des hautes cimes, de ces immenses blocs de glace couchés sur un tapis de gazon, sous un ciel sans nuage, combien notre pèlerin se sentait loin de Lyon et de ses brouillards! Enfin, après trois jours d'une heureuse traversée, *Le Sénégal* entra majestueusement dans le golfe de Mersina.

Notre pèlerin, on s'en souvient sans doute, devait

descendre à terre, non point pour visiter Mersina, qui n'offre rien de curieux à voir, mais pour remettre au Père Basilio, capucin, les valeurs qui lui étaient adressées par le procureur des missions de Lyon, le R. P. Moïse.

Ces valeurs, il les avait soustraites au contact de l'eau salée, au moment de son fameux plongeon. Il se sentait heureux et fier de pouvoir lui-même les remettre intactes au Père Basilio.

Celui-ci, averti de l'arrivée de Frère Olympe, vint lui-même le prendre à bord et le conduisit ensuite à sa maison, qui n'est autre que le presbytère, contenant l'église ou chapelle, et la maison d'école catholique.

Le bon Père Basilio fit faire à son hôte un repas frugal : deux plats de légumes composaient tout le menu. Et pas de vin. Père *Basilio* ne buvait que de l'eau, même aux plus grands jours de fête.

Notre pèlerin, accoutumé à la bonne chère et à l'excellent vin de la procure de Lyon, fit un peu la grimace, en absorbant trois ou quatre verres d'eau pure, car il avait grand'soif... tout en se disant à part lui : « Je me rattraperai ce soir à la table du bord. »

Au récit du plongeon de Smyrne, dom Basilio fut pris d'un accès d'hilarité bien naturel, puis il conduisit notre pèlerin à la maison d'école de filles. Les garçons étaient, pour le moment, en vacances.

Les bonnes sœurs et leurs jeunes élèves s'empressèrent autour de Frère Olympe, lui donnant du « *Révérend Père* » à bouche que veux-tu. Frère Olympe, tout confus, allait décliner sa qualité de tertiaire de saint François... Mais, d'un signe, dom Basilio lui commanda le silence.

On alla voir ensuite la gare du chemin de fer,

lequel doit aller, ou va maintenant, jusqu'à Tarsous. *Gare* est une hyperbole ; c'est plutôt une maisonnette en bois dont ne voudrait point la moindre station de nos chemins de fer de France.

Non loin de Mersina, sont les ruines de *Céphisium* ou *Pompéiopolis*. Mais il fallut regagner le paquebot, et, conduit par dom Basilio, Frère Olympe remonta à bord du *Sénégal*.

Jamais notre héros n'avait tant regretté de n'avoir pas, à lui appartenant en propre, un navire ou même tout simplement un brick, comme jadis Alexandre Dumas père, l'auteur de *Monte-Cristo*...

Alexandrette, Lattaquié, Tripoli, passèrent successivement sous ses yeux, sans qu'il lui fût possible d'y atterrir.

De Tripoli (nouveau retard et nouvelle déception), le *Sénégal* mit le cap sur l'île de Chypre, et, après quelques heures de relâche en vue de *Larnaca*, partit enfin pour Beyrouth, destination de notre pèlerin, en vue de laquelle on arriva, dans la matinée du neuvième jour de la traversée.

## XIII

Les poètes arabes ont monorimé (1) à la louange de Beyrouth leurs vers les plus gracieux. Ils la comparent souvent à « une charmante sultane accoudée sur un coussin vert et regardant les flots dans sa rêveuse indolence. »

Ce qui frappe d'abord les yeux en arrivant devant 

---

( 1 ) Les pièces de poésie de la littérature arabe sont composées de vers monorimes, c'est-à-dire de rimes ayant toutes la même consonnance.

Beyrouth, ce sont les lignes majestueuses du Liban et les cimes de la montagne couvertes de neige.

« Les petites maisons blanches de cette jolie ville, ses arceaux, ses ogives, ses minarets élancés, ses dômes brillant de mille couleurs aux rayons du soleil d'Orient, tout cela se détache comme une parure de diamants sur les teintes sombres de la montagne. »

Ces impressions d'un célèbre écrivain, lors d'un voyage en Syrie, Frère Olympe les ressentit à la vue de Beyrouth.

Il eut amplement le loisir de contempler de loin cette ville, car, par suite d'un décès survenu à bord, le signal du débarquement se fit longtemps attendre.

Une demi-journée s'écoula sans que le signal fût donné.

Notre pèlerin, impatient de débarquer, allait et venait, sa valise à la main, interrogeant d'un regard inquiet la mer fort houleuse en ces parages.

Là, une grande quantité de barques, montées par des arabes — du moins leur costume les désignait comme tels — qui se disputaient à grands cris les abords du navire.

Mais c'est en vain qu'ils appelaient à tue-tête les passagers ; l'échelle n'était point abaissée, et nul passager ne pouvait descendre.

La nuit commençait à tomber.

Notre pèlerin demeurait debout, près de l'échelle, contemplant d'un œil irrité cet obstacle infranchissable, et se sentant le bras fatigué, il avait posé à terre sa valise et un autre ballot, lorsqu'un petit portefaix, coiffé d'un bonnet grec, s'empare, en un tour de main, et de la valise et du ballot.

Frère Olympe, s'apercevant du rapt de ses bagages, eût volontiers crié : « Au voleur !... » Il se contenta

de crier, avec des larmes dans la voix : « Ma valise !
ma valise !... »

Mais le tout, y compris le petit portefaix, se trouvait déjà dans une barque prête à partir.

Croyant sans doute que Frère Olympe demandait
une corde pour descendre, on s'empresse de la lui
jeter.

Il la saisit de ses mains fiévreuses, et se laisse glisser, au risque de les écorcher, jusque dans la barque.

Du haut des bastingages, des gens de l'équipage
avaient beau enjoindre au fugitif de remonter à bord...

Le déserteur *malgré lui* n'écoutait rien, n'entendait
rien ; la barque s'éloignait rapidement, se rapprochait
du rivage... tandis que les autres embarcations se
morfondaient à attendre le signal...

Il ne fut donné que le lendemain matin au petit jour.

D'où il résulte que, contre tous les règlements,
notre pèlerin, seul parmi tous les passagers, était
descendu à terre sans permission.

Juché sur les robustes épaules d'un nègre, Frère
Olympe, que son habit religieux rendait sans doute
digne des plus grands égards, fut invité *très poliment*
par un *interprète* à exhiber son passeport.

Il en fallait un en langue turque, et il en possédait
deux, mais en langue française.

Il paraît que deux passeports français équivalent
parfois à un passeport turc, puisque notre héros,
toujours à califourchon sur son nègre, fut délicate-
ment posé dans une voiture de place, ayant à ses côtés
ses bagages, préalablement et rapidement visités par la
douane, en débarquant.

« Fouetté, cocher !... » et vers le milieu d'une rue
étroite, obscure et sale, il était déposé avec ses bagages
sur le seuil d'un hôtel qu'il n'avait pas demandé, et

accueilli à bras ouverts par l'hôtelier, sans avoir eu le temps de se reconnaître et de proférer une seule parole.

Belle chambre, avec deux lits somptueux, l'un à la turque, l'autre à l'européenne ; table bien garnie et chère excellente... Tout allait à souhait... Seulement le nègre s'était multiplié ; maintenant ils étaient trois, plus un jeune gars faisant fonction d'interprète, et tous ils réclamaient leur salaire, leur *bakschich* en plus, cela va sans dire.

Force fut à notre pèlerin de s'exécuter et de se laisser tirer à quatre *bakschich*. Ces quatre guides forcés et trop obligeants tendraient encore la main, si le patron de l'hôtel ne fût venu quérir son hôte pour le souper.

Comme Frère Olympe avait grand'soif, son premier mouvement, en se mettant à table, fut de se verser à boire.

Après avoir bu quelques gorgées de vin pur, il avisa une carafe qui se trouvait devant lui, et croyant, à la couleur blanchâtre du liquide, qu'elle contenait, que c'était de l'eau, il en remplit son verre.

Il allait porter la coupe à ses lèvres, lorsqu'il s'aperçut que deux des convives suivaient tous ses mouvements en souriant.

N'en tenant aucun compte, il but avidement...

« Pouah !... » quelle grimace ! Et de jeter furieusement le contenu de son verre sur le parquet.

L'hôtelier, survenant, allait gourmander le pauvre Frère, qui se permettait de maculer ainsi le parquet de la salle, lorsque, jetant les yeux sur la carafe, il comprit la bévue que son hôte avait commise.

— « Mais vous vous êtes trompé. Ce n'est pas de l'eau que contient cette carafe.

« — Comment ! ce n'est pas de l'eau, dit Frère Olympe surpris. Qu'est-ce que c'est donc ?. .

— L'eau, fit le maître-d'hôtel, nous la mettons dans ces petites cruches en grès que vous voyez là, au milieu de la table. Mais ça c'est de l'*arak*.

— De l'*arak* ? répéta notre pèlerin, interloqué et bouche béante, comme si on lui avait parlé chinois. De l'*arak* ?...

— Oui, c'est une liqueur d'Orient. Tenez, goûtez ; elle est excellente et donne de l'appétit.

— Oh ! quant à l'appétit, je n'en ai pas besoin. Mais goûtons tout de même. »

Joignant le geste à la parole, notre pèlerin avait saisi le verre que lui tendait l'hôtelier.

Et il paraît qu'il trouva la boisson fort à son goût, car il en but jusqu'à la dernière goutte.

Cette boisson orientale tient à la fois du kirsch et de l'anisette. On en fait un usage général en Orient, et, comme on le verra plus loin, il n'est pas de si chétive habitation du Liban qui ne possède, soigneusement caché, son flacon d'*arak*.


## XIV

Le lendemain, vers 6 heures du matin, après un copieux déjeuner, notre héros se fit conduire au couvent des capucins.

Grande fut la surprise à son arrivée.

« Comment ? vous voilà !... Mais aucun passager du *Sénégal* n'est encore débarqué !...

— Mes Révérends Pères, je l'ignore. Quant à moi, on m'a débarqué hier soir et mis dans un très bon hôtel, où j'ai passé la nuit.

— Eh bien, vous nous mettez dans de jolis draps, dit un des Révérends, avec un accent italien très prononcé. Vous avez enfreint les règlements et la Police va venir vous arrêter.

— Mais, mes bons Pères, vous empêcherez bien...

— Oh ! par exemple, reprit la même voix, nous ne répondons de rien. Tant pis pour vous !... »

A cette réponse... rassurante, Frère Olympe ne répondit rien et monta à la chambre où on le conduisit, puis il sortit pour visiter Beyrouth.

Une des premières visites que fit notre pèlerin fut celle du couvent et pensionnat des sœurs de Saint-Joseph de l'Apparition.

Il reçut l'accueil le plus cordial de la sœur supérieure, M^me Marie Alzieu.

Frère Olympe, toujours revêtu de l'habit religieux, *moins le capuchon*, et accompagné d'un frère capucin du nom de *Fidèle*, que le prieur du couvent lui avait adjoint comme *cicerone*, visita successivement le couvent des Pères Lazaristes, et le vaste établissement des Pères Jésuites, qui renferme un collège très important et une imprimerie catholique bien outillée et fort appréciée à Beyrouth et aux environs.

Là, comme partout ailleurs, la Compagnie de Jésus exerce une influence toute-puissante, grâce surtout aux ressources dont elle dispose.

Ce serait peut-être ici le lieu de nous appesantir sur la façon peu équitable dont s'opère la répartition des secours accordés par l'œuvre de la propagande à l'œuvre si intéressante des missions étrangères.

Sans doute, pour ne pas rompre en visière au proverbe connu : « L'eau va toujours à la rivière », la plus grande portion des sommes allouées est attribuée aux Pères Jésuites et à leurs établissements, tandis que les pauvres Pères Capucins, par exemple, reçoivent à peine le quart de la somme dont ils auraient besoin.

Nous ne saurions trop le répéter et nous prouverons bientôt à nos lecteurs la vérité de ce que nous avançons.

## XV

Nous pourrions entrer dans de très longs détails sur la jolie et importante ville de Beyrouth, sur ses beaux jardins, ses villas, ses mosquées, etc. Mais combien d'autres écrivains en ont parlé, mieux que nous ne saurions le faire nous-même !...

Que nos lecteurs veuillent bien entrer avec nous dans les confidences de Frère Olympe pour apprendre de lui-même ce qu'il dut penser de Beyrouth en général et des Révérends Pères italiens en particulier.

Vouloir faire croire à l'amitié des Italiens pour nous, c'est comme si l'on nous vantait les bons sentiments de l'Allemagne ou même de l'Angleterre à notre égard.

Anglais et Piémontais furent nos alliés jadis, durant l'expédition de Crimée ; mais, au fond, bien au fond, étions-nous plus amis pour cela ?...

C'était surtout aux heures des repas, que Frère Olympe prenait avec la communauté, qu'il eut occasion de pénétrer les véritables sentiments de ces religieux italiens à l'égard de la France.

Comme à Smyrne, les Pères affectaient de ne parler qu'en langue italienne, ce qui leur facilitait beaucoup ce jeu cruel de dauber impunément sur le compte du tertiaire français, leur hôte.

Maintes fois, Frère Olympe saisissait à la volée quelques mots qui, à n'en point douter, ne devaient s'appliquer qu'à lui, et, dans sa pensée, il en prenait bonne note.

Un jour, pourtant, la conversation s'engagea en français, et l'on vint à parler du collège de Salima et des fondateurs laïques dudit collège.

« Ah ! disait en riant le Révérend Père Camille, un petit gros, joufflu, rouge de figure, d'un embonpoint respectable — où le Révérend Père avait-il donc la tête lorsqu'il a confié la direction de ce collège, soi-disant français, à des professeurs arabes, suédois, allemands, autrichiens, hongrois, italiens, de tous les pays enfin, excepté français... J'allais oublier un jeune Druse qui feint de s'être converti au christianisme.

— Et le principal professeur qui est, dit-on, israélite et franc-maçon, ajouta le Père Dosithée — un petit maigrelet, figure fine, mais pâle comme celle d'un anachorète.— Voilà qui est d'un bel exemple pour les élèves !...

— Mais, répliqua Frère Olympe, n'ont-ils pas, de leurs propres deniers, acheté, réparé, mis en état le vieux château des Emirs du Liban ?

— Et les travaux ont coûté des sommes énormes.

— C'est égal, fit le Père Camille, je parie tout ce que l'on voudra que ce collège n'en a pas pour longtemps, car le Père Benvenuto... »

Il s'arrêta soudain, sur un signe du Père Dosithée.

Mais Frère Olympe avait entendu et compris :

« Le Père Benvenuto avez-vous dit ?

— Eh bien, oui, dit résolument le Père Camille. A quoi bon le cacher ?... Tout le monde est d'accord pour dire que c'est une mauvaise affaire qu'il a entreprise là, et que d'ailleurs, il commence à s'en désintéresser fortement...

— Mais c'est précisément lui qui m'y envoie.

— Pour se débarrasser de vous, probablement. Peut-être ne reverrez-vous jamais la France ?...

— Pardon, mon Révérend, répliqua Frère Olympe. Il s'est engagé formellement à me faire revenir à Lyon, si je ne me trouvais pas bien au Liban.

— Et vous ajoutez foi à pareille promesse ! Vous êtes naïf...

— Mais...

— Allons, disons les *grâces*, interrompit le Père Dosithée, coupant court ainsi à une discussion qui peut-être allait s'engager et causer du scandale.

## XVI

Notre pèlerin dormit mal cette nuit-là. Les révélations des moines italiens lui avaient, comme on dit, mis la puce à l'oreille.

Le jour approchait de son départ pour Salima.

Quarante-huit heures à peine lui restaient pour achever de visiter Beyrouth.

Désireux de faire une visite, soit à l'église métropolitaine des Grecs schismatiques, improprement appelés *orthodoxes*, soit à l'une des nombreuses mosquées de la ville, il quitta, un beau matin, à l'issue de la messe, son costume religieux, et revêtit ses habits bourgeois.

Il allait franchir le seuil du couvent, lorsqu'il fut arrêté au passage par le R. P. Dosithée qui lui dit, fort en colère, que sa conduite était un scandale, et qu'après l'avoir vu en *religieux*, les passants seraient fort surpris de le voir en *laïque*.

Bref, force fut au pauvre Frère de remonter à sa chambre, et de remettre sa robe, s'il voulait sortir. Mais il lui était impossible, sous ce costume, de visiter l'église grecque et la mosquée. Il renonça donc à sortir ce jour-là.

Du haut de la terrasse du couvent, il eut la mince

consolation d'entendre la voix nazillarde du *Muezzin* qui, du balcon d'un minaret, appelait les Musulmans à la prière. C'était pauvre comme distraction.

## XVII

Le jour tant désiré arriva enfin. Par une belle matinée, une voiture très confortable vint prendre Frère Olympe et Frère Fidèle pour les conduire à Salima, au fond des gorges du Liban. La voiture s'arrêta, vers midi, devant le petit village de *Babdat*.

Frère Olympe, préoccupé, entendit d'abord : Bagdad ! Ce qui fit passer à Frère Fidèle et au conducteur de la voiture un moment de douce gaieté.

Nos voyageurs, descendus de la voiture qui ne devait pas aller plus avant, entrèrent dans un petit café qui se trouve sur la route et prirent une légère collation.

Après quoi, les *moukres* survenaient avec les mules dont les unes portaient les bagages, et les autres étaient réservées aux deux Frères Capucins.

Frère Fidèle, qui avait, deux fois déjà, fait à dos de mule, le voyage de Salima, monta prestement sur la bête.

Quant à Frère Olympe, qui, en vrai parisien qu'il était, ne connaissait mules, mulets, et même les ânes, que de nom, il refusa nettement d'enjamber l'animal.

Prières et railleries, tout fut inutile, et, précédé d'un des *moukres*, il descendit à pied, par des chemins à peine frayés au milieu des rochers, les pentes de la montagne.

Au bas du vallon, ou plutôt du ravin, au-dessus duquel surplombait, comme un nid d'aigle, le vieux château de Salima, un pont de pierre était jeté sur le Lycus.

Mais au-delà du pont, le chemin qui gravissait la montagne et conduisait au village de Salima offrait le contraste le plus frappant avec celui qu'on venait de descendre.

Ce n'était que fondrières où l'on s'enfonçait dans la boue jusqu'à plus haut que la cheville.

En un quart d'heure, la robe du pauvre Frère Olympe eût été souillée de boue jusqu'à la ceinture.

Avant donc de franchir le pont, les *moukres* insistèrent de nouveau auprès de Frère Olympe et parvinrent, non sans peine, à le hisser sur le dos de sa mule.

Lorsqu'enfin il s'y fut assis tant bien que mal, et que sa mule fit les premiers pas, le pauvre Frère faillit tomber à la renverse.

Les *moukres* lui enjoignirent alors de se tenir penché en avant, sur la tête de la mule.

Frère Olympe saisit à pleines mains la crinière et il s'avança ainsi, flanqué, de droite et de gauche, de deux *moukres*, dont la consigne était de... l'empêcher de choir de sa bête.

Bien lui en prit, car le pont n'avait point de gardefou, et le pauvre Frère aurait pu donner tête basse dans la rivière, où il se serait brisé sur les rochers, le Lycus étant presque à sec en cet endroit.

A partir de cet instant, Frère Olympe ne vit plus rien. Son naturel esprit d'observation n'eut plus dès lors qu'un objectif, sa mule.

Pourtant, par un effet rétroactif, la peur qu'il ressentait céda bientôt aux accès d'une gaîté folle, surtout lorsqu'il s'aperçut qu'il était observé.

En effet, hommes, femmes et enfants, sortaient de

leurs habitations pour considérer de plus près ce fameux cavalier, un phénomène pour eux.

Les quolibets, les railleries pleuvaient dru comme grêle, mais comme c'était en langue arabe, notre pèlerin n'en avait cure.

À chaque fois qu'une secousse brusque de la mule menaçait de le précipiter à terre, Frère Olympe, qui avait pris part, en 1870, à la guerre franco-allemande, s'écriait joyeusement : « *Capoutt !* » exclamation prussienne qu'il avait retenue.

Avec *ia*, *brod* et *fleiche*, c'était, au juste, tous les mots d'allemand qu'il savait.

Ce que les Druses et les Maronites, ainsi que les Arabes, s'esclaffèrent à la vue du pauvre Frère !...

Don Quichotte de la Manche et Sancho Pança n'obtinrent peut-être pas, de leur temps, un aussi grand succès d'hilarité, dans le roman de Cervantès.

On parvint enfin sous les murs du château.

Un *moukre* complaisant amena la mule de Frère Olympe près du perron de la porte principale, et, avec l'aide de son guide, notre héros réussit à poser le pied sur la troisième marche formée d'une énorme pierre.

Le bruit de son arrivée, qui s'était répandu par tout le village et même aux alentours, avait fait sortir tous les habitants du château, maîtres et élèves, sans oublier les employés, valets, cuisiniers, etc.

On s'empressa autour des Frères Fidèle et Olympe, qui furent introduits par leurs collègues, dans le salon du directeur laïque.

L'accueil le plus cordial leur fut fait par toute l'administration ; plusieurs tasses de café à la française et quelques fruits et pâtisseries du pays cimentèrent cette amitié nouvelle, qui n'était pourtant qu'apparente, comme on le verra bientôt.

# TROISIÈME PARTIE

## SALIMA

## XVIII

Nous pourrions résumer, d'après les notes mêmes de Frère Olympe, notre impression sur le collège établi dans le vieux manoir des Emirs du Liban, nous pourrions la résumer dans ce court épiphonème.
« Trop de musique et pas assez d'harmonie !... »

Les notes qui nous ont été transmises par le Frère Olympe expliqueront mieux notre pensée.

(1) « Dans le Liban, écrit-il, se passent, à l'heure qu'il est, d'étranges choses.

Dans le vieux château de Salima, s'est établi, il y a une dizaine d'années à peu près, un collège ou plutôt un pensionnat, dédié, pour la forme et pour la réclame, à *Notre-Dame de Lourdes.*

Un pareil titre fait croire naturellement à un établissement religieux, d'autant plus que, fondé par un Père capucin, c'est encore un capucin qui est censé le diriger.

Nous disons : *censé,* car le véritable maître de céans, c'est le directeur laïque.

Or, l'étiquette ci-dessus est fort trompeuse, et ce pensionnat n'est rien moins que religieux.

---

(1) Ces notes sont de 1890.

Sous les apparences d'un collège français, c'est tout bonnement un collège arabe *musical*, dirigé par un allemand : ce qui a mérité à cet établissement, de la part des mauvaises langues, — il y en a au Liban comme ailleurs, — le surnom satirique de *Pensionnat Notre-Dame de Bourdes. (sic).*

Mais là n'est point l'important. Ce qui doit appeler l'attention du gouvernement français, c'est que le supérieur de cet établissement est *italien*, le directeur *allemand,* d'origine *hollandaise, hongrois* d'alliance ; un des professeurs *autrichien* et *tous* les autres *arabes.*

Je me trompe. Il y a un professeur français, venu à grands frais de Lyon, et chargé, à Salima, du cours supérieur de grammaire et de littérature françaises.

Ce professeur, qui devrait occuper la première place avant tous les autres, est chargé en outre d'un cours élémentaire de musique et des conférences bi-hebdomadaires d'instruction religieuse.

Eh bien, sa qualité de Français, qui devrait, ce nous semble, parler en sa faveur et le faire respecter, puisque l'on prétend volontiers que le Liban est placé sous le protectorat de la France, cette qualité de Français, disons-nous, l'expose comme une proie facile, aux railleries et aux méchancetés du Directeur et de ses propres collègues.

La situation faite systématiquement et de parti pris à ce professeur français, fourvoyé au milieu de tous ces étrangers hostiles à la France, c'est d'être le serviteur de tous, taillable et corvéable à merci, tout comme en pleine féodalité. — On en était venu jusqu'à lui faire faire, depuis huit heures jusqu'à midi, trois classes différentes de suite !...

Jamais, dans les conseils ou assemblées du soir chez le Directeur, où entre deux parties de cartes ou de trictrac, on règle la marche quotidienne des études, jamais il n'obtient voix au chapitre, et s'il a parfois connaissance de l'ordre du jour, c'est d'un élève charitable qu'il le reçoit.

Aux récréations, au réfectoire, partout, ses relations avec ses collègues sont nulles, car on affecte, en sa présence, de parler arabe et rien qu'arabe, afin qu'il ne se mêle pas à la conversation, tout en lui faisant comprendre, par pantomime, que les bons petits camarades *cassent du sucre* sur son compte.

C'est à grand'peine que, dans cet état de choses, il réussit à maintenir l'obéissance et la discipline parmi les élèves de sa classe.

La discipline ! Elle n'existait pas, pour ainsi dire, dans la première classe de français, avant son arrivée.

Le professeur à qui il succédait avait une méthode toute particulière pour faire sa classe.

Ses élèves pouvaient parler à voix haute quand bon leur semblait et même tous à la fois.

Quelqu'un d'entre eux voulait-il témoigner le contentement ou la surprise, il se mettait à siffler. L'art de siffler faisait, paraît-il, partie du programme de ce singulier professeur.

Même, un de ses élèves, un des plus grands et des plus âgés, nommé Abdallah, passait pour être le plus habile *siffleur* de la classe.

En outre, deux ou trois jeunes professeurs ou plutôt surveillants, avaient droit non seulement d'entrée, mais encore de contrôle dans la première classe de français.

Puis il n'était pas rare que, par leur babil, ces pseudo-professeurs ne missent le désordre parmi les élèves.

« J'ai dû réformer tout cela, ajoute Frère Olympe,

c'est-à-dire interdire aux siffleurs de siffler, aux surveillants de s'asseoir sur les bancs des élèves.

J'ai tout au plus une douzaine d'élèves, ne puis-je suffire à les surveiller, sans contrôle ?... »

Ce trait, entre mille, démontre l'incapacité de cette administration et son inexpérience dans l'art de diriger un pensionnat.

D'autre part les fréquentes absences du directeur laissaient toute latitude aux caprices des jeunes professeurs arabes.

Tout était permis à ces écervelés ; le père Simon Iscariota de Cunaxa voyait le désordre, les abus de pouvoir, mais qu'y pouvait-il faire ?

Le directeur, bien qu'absent presque toujours, lui avait imposé ses volontés et le réduisait à l'impuissance.

Quant aux études la musique primait tout.

« Mon pensionnat est un collège de musique ! » disait souvent le directeur laïque.

Et la musique préférée était naturellement la musique *allemande*, puis l'*italienne*. La musique française venait, par grâce, au troisième rang.

Pour les rares journaux que l'on recevait, il en était de même : presque tous *allemands*.

J'oublie de dire qu'au beau milieu d'une classe, fort intéressante, de littérature française, un exprès du directeur, présent ce jour-là par miracle, mandait tous les élèves près de lui pour... nettoyer leurs instruments *(historique)*.

La maison, d'ailleurs, rappelait cette inscription lue naguère sur une des plus hautes maisons de Paris :

SPLENDIDES APPARTEMENTS A LOUER

ORNÉS DE GLACES

*Pianos* A TOUS LES ÉTAGES

*N.-B. — Le concierge est accordeur.*

Frère Olympe devait, malgré ses réclamations réitérées, subir, derrière le mur de sa petite chambre, un *harmonium* faux et disloqué sur lequel chaque jour un jeune professeur tapotait des gammes ; au-dessous, un orgue assez harmonieux mais gênant ; et de tous les coins de la maison, des flûtes, des clarinettes, des trombones, voire même un tambour et une grosse caisse. On se serait cru enfin dans l'*Ile sonnante* du joyeux Rabelais.

## XIX

Vraisemblablement Frère Olympe n'eût pas essuyé toutes ces tribulations, s'il avait pu continuer à porter l'habit religieux, qui impose le respect.

Mais les administrateurs du collège lui enjoignirent formellement de conserver l'habit laïque, afin de ne pas *effrayer* les élèves *(sic)*.

Les dimanches et jours de fête, il dut revêtir l'uniforme adopté dans le pensionnat pour les élèves, et imposé même aux professeurs.

Personne de l'établissement n'était exempté du port de cet uniforme, de couleur gris-de-lin avec lisérés bleus.

Le pauvre Frère, affublé de la sorte, ressemblait à un employé de la douane étrangère. Deux larges galons d'argent en torsades ornaient les manches. Une petite casquette assortie au costume et agrémentée de deux petits galons argentés complétaient l'accoutrement.

Un pareil uniforme sentait l'allemand ou l'autrichien d'une lieue, éloignait du moins le plus possible toute idée d'influence française.

Qu'on ne s'en étonne point ; car, au Liban, cette

année-là, la Triple-Alliance était représentée au grand complet, comme on l'a vu par la composition du personnel.

Nous voilà bien loin de ce titre pompeux de *collège français*, de pensionnat religieux, rêvé par le père Benvenuto, un de ses fondateurs.

On nous objectera peut-être que nous oublions l'Angleterre. A cette objection qui n'en est pas une, nous répondrons, avec M. Poujoulat, écrivain bien connu par ses écrits sur l'Orient :

« Les biblistes anglicans, écrit-il, ont tenté et tentent encore à cette heure de *protestantiser* le Liban. Il n'est point de sacrifices qu'ils ne fassent dans ce but. Ils répandent l'or à pleines mains et *leurs bibles* ont inondé les villages catholiques. »

D'après les notes de voyage de Frère Olympe, nous pouvons ajouter : « leurs écoles » qui sont fort nombreuses dans la montagne et beaucoup mieux aménagées et entretenues que nos pauvres écoles catholiques, sans en excepter celle de Salima.

Nous lisons encore dans l'auteur précité que « la secte des Druses est amie des Anglais. »

Est-ce pour cette raison que les Druses firent toujours bon accueil à Frère Olympe, qui, en sa qualité d'ancien soldat de l'expédition de Crimée, portait la décoration de la médaille anglaise.

Chaque fois que, dans ses excursions dans la montagne, Frère Olympe était rencontré par quelque Druse, qui, venant du travail, regagnait sa demeure, celui-ci s'approchait du Frère et l'invitait, par signes, à entrer dans sa maison. Il lui fallait accepter et partager avec le Druse et sa famille une légère collation, ou divers rafraîchissements, suivant la saison.

Lorsque, par le moyen d'un interprète, Frère

Olympe et le Druse pouvaient échanger quelques paroles, celui-ci témoignait hautement de sa profonde
estime pour la France. Il ajoutait que jamais plus les
Druses ne massacreraient les chrétiens ; qu'ils avaient
eu grand tort de servir la haine des musulmans,
véritables instigateurs des massacres de 1860, et enfin
qu'ils s'efforceraient désormais de vivre en bonne
intelligence avec les Maronites.

Et, en effet, depuis les événements de 1860, aucune
discorde grave n'est venu troubler la paix entre les
Druses et les chrétiens.

Frère Olympe eut pourtant à se plaindre d'un jeune
Druse, à peine sorti des bancs de l'école et que le Père
Simon avait bombardé *professeur*, sans crier gare, et
dans l'espoir de le convertir à la foi catholique.

Rien n'égalait l'insolence de ce jeune coq toujours
monté sur ses ergots.

Lui et son digne ami Kabib, autre professeur *ejus-
dem farinæ*, mécontents des succès obtenus par Frère
Olympe dans ses divers cours en français et surtout
dans ses *Conférences religieuses* contre les protestants,
se déclarèrent ses ennemis jurés, comme ils l'étaient,
en principe, de la France et de tous les Français, à
l'exemple de leurs collègues arabes.

Mais ce qui mit le comble à leur fureur, ce fut le
triomphe obtenu par le Frère et ses élèves dans les
représentations théâtrales du collège.

Passons sous silence les trop menus détails de cette
longue persécution, pour arriver au fait le plus saillant
et le plus propre à dissiper tous les doutes sur la
prétendue influence française, si prônée de nos jours
par des écrivains plus enthousiastes qu'amis de la
vérité.

## XX

Peut-être ne serait-il pas sans intérêt pour nos lecteurs de donner ici un court aperçu des habitudes, des aspirations, et surtout de la morale bizarre pratiquée par les sectateurs du Coran.

Le musulman efféminé, émasculé pour mieux dire, semble se complaire dans le *farniente* le plus absolu.

Il restera des journées entières accroupi sur des coussins, les jambes entrelacées à la façon des tailleurs, fumant avec délices son narguilhé ou son chibouque.

A quoi songe-t-il ? Peut-être à rien. Son esprit flotte et s'évapore dans l'air avec la fumée.

Les Druses, bien qu'ils refusent d'en convenir, ont, dans leurs habitudes, quelque ressemblance avec les Turcs, sauf pourtant le respect pour les lois de l'hospitalité, qui sont sacrées et inviolables pour les Druses comme pour les Arabes.

Cela est triste à constater, mais, d'après les notes de Frère Olympe, les Maronites, tout chrétiens qu'ils sont, ne paraissent pas être toujours aussi hospitaliers que les Druses.

Les Grecs, les Cophtes, les protestants eux-mêmes, font généralement bon accueil aux Français.

Il fallut que Frère Olympe vînt se fourvoyer dans ce collège équivoque de Salima pour perdre toutes ses illusions sur le compte des Maronites, illusions qu'il avait partagées en France, lorsqu'il occupait un emploi de secrétaire particulier auprès de M. Louis de Baudicour, dont le zèle pour l'Œuvre des Maronites ne se ralentit jamais. Jusqu'à l'heure de sa mort, M. de Baudicour a sacrifié à cette belle œuvre, on peut l'affirmer, son repos, sa fortune et sa vie même.

Le séjour de Frère Olympe à la Procure des Capu-

cins de Lyon n'avait fait qu'augmenter en lui le désir
de connaître de *visu* cette caste, si intéressante, des
catholiques Libanais.

Mais, ô ingratitude !... Lorsque Frère Olympe
parla de leur bienfaiteur aux Maronites, nul ne se
souvenait de lui, on ignorait jusqu'à son nom !

« Lorsque, non sans avoir fait bien des réflexions,
écrit Frère Olympe dans les *Notes de voyage* qu'il
nous a laissées, je me décidai, en plein cœur de l'hiver,
à entreprendre cette traversée longue et périlleuse, je
brûlais du désir, bien digne d'un tertiaire de Saint-
François laïque, mais presque missionnaire par le
cœur, de courir à un martyre éventuel, probable de la
part des Druses, vu l'opinion désavantageuse que l'on
a, en France, de leur caractère barbare et féroce.

Eh bien, non. Le contraire est arrivé. En janvier
1890 et mois suivants, j'ai trouvé les Druses, cette
tribu prétendue sauvage, qui n'a ni liturgie, ni temple
ni autel ; j'ai trouvé les Druses, dis-je, pratiquant,
mieux que les Maronites, les lois sacrées de l'hospitalité envers tous les étrangers, même pour les Français.

Qu'ai-je rencontré, au contraire, chez les chrétiens,
disciples du moine Saint Maron ? Une persécution à
outrance, une guerre à coups d'épingle, le martyre à
petit feu, bien plus pénible à supporter de la part de
coreligionnaires que de la part des infidèles !... »

Quant aux aspirations vers le progrès, vers la civi-
lisation moderne, elles sont à peu près nulles chez les
Musulmans.

Pour que ce peuple endormi se réveille, pour que
cet Orient, tombé en décrépitude, soit enfin *débar-
bouillé de sa crasse*, suivant l'expression pittoresque
d'un écrivain naturaliste, il faut nécessairement l'ini-
tiative des européens.

La présence de l'escadre française du Levant dans les eaux de Smyrne ou de Beyrouth donnera-t-elle un nouvel essor à notre influence en Orient ? Ou bien laisserons-nous tout l'avantage à l'Angleterre dans ces parages, comme nous l'avons déjà fait pour l'Egypte ?

Secouons enfin l'inertie des Turcs.

La route carrossable qui doit conduire de Beyrouth à Damas, depuis plusieurs années commencée, serait déjà un grand pas dans la voie du progrès.

Mais ce qui décuplerait en Orient l'industrie et le commerce, ce serait tout un système de chemins de fer, traversant, non seulement les gorges du Liban et de l'anti-Liban, mais toute l'Asie-Mineure.

La branche principale de cette longue voie ferrée serait la ligne de Brousse à Beyrouth par Angora et Alep. Les embranchements seraient celui de Smyrne à Angora, et celui de Trébizonde, par Erzeroum et Sivas.

Il faudrait, pour cela, obtenir du sultan la concession totale ou même partielle seulement.

Mais c'est un beau rêve, et qui ne se réalisera peut-être jamais !

. . . . . . . . . . . . . . . . . .   . . . . . . . . . . . . .   . . . . . . . . . . . . .

Il n'entre point dans notre plan de renseigner nos lecteurs sur les mœurs intimes des Musulmans. Ces détails se trouvent dans tous les livres qui traitent de l'Orient.

Nous ne trouvons, d'ailleurs, dans les notes de Frère Olympe, que des notions très vagues à ce sujet, qu'il regardait sans doute comme mal séant d'approfondir.

Disons seulement que dans les villages libanais, un Druse opulent se fait une gloire d'entretenir un petit harem à l'exemple du sultan et du célèbre imposteur qu'on appelle chez les Turcs le grand prophète d'Allah.

Ayant, un jour, été invité par le père d'un de ses élèves, élève druse, Effendi-Négib-Chékeir, maire ou *cheik* d'Aarzoun, village à trois kilomètres de Salima, Frère Olympe, plus laïcisé que jamais, fut traité avec les plus grands égards par son hôte.

Mais à table, comme dans le salon de réception, absence totale de dames.

Frère Olympe, en se retirant, allait, dans sa pensée, délivrer un certificat de continence à cet honnête personnage, lorsqu'en passant sur une terrasse joignant deux corps de bâtiments, il aperçut un élégant pavillon ; la porte entr'ouverte laissait apercevoir un petit salon, dont les lambris et le parquet disparaissaient sous de riches tapis.

Invité à entrer par son hôte, il put contempler cinq jeunes dames assez jolies qui, à sa vue, ramenèrent leur *féredgé* sur leur visage. On sait, que, d'après le Coran, aucune Musulmane ne doit laisser voir son visage à des Européens et surtout à des *giaours* (chrétiens).

Une d'elles pourtant, étendue nonchalamment sur une pile de coussins, daigna se lever, soulever son voile, et, sur le désir du maître, saluer à l'orientale notre visiteur inattendu.

Comme on le voit, la polygamie, au Liban èt dans toute l'Asie mahométane, n'est point un *cas pendable,* comme le prétend Molière dans je ne sais plus quelle comédie.

. . . . . . . . . . . . . . . .  . . . . . . . . . . . . . . . . . . . . . . . . . . . . . .

Un mois environ après son entrée au collège, Frère Olympe reçut, de la douane turque de Beyrouth, ses caisses de livres et manuscrits.

Tout avait été minutieusement visité, jusqu'aux photographies, dont quelques-unes, leur plaisant sans doute davantage, étaient devenues la propriété de ces Messieurs de la douane. Quelques livres aussi manquaient à l'appel. Mais ce sont là des larcins que la douane turque commet chaque jour sans le moindre scrupule.

Eh bien, malgré toutes les précautions pour ne laisser passer aucun livre suspect (on appelle *suspect* dans la douane turque tout livre où se trouve quelque passage ayant trait ou même faisant simplement allusion à la religion et aux doctrines de Mahomet) ; en dépit, disons-nous, de toutes leurs précautions, le seul ouvrage *suspect* que possédait Frère Olympe, ouvrage de sa composition dans lequel le mahométisme était fort malmené, échappait, par hasard, à l'œil investigateur de la police ottomane. Bien attrapés, les *Turs*, comme on dit à Marseille !...

Un exemple, entre mille, de la probité de l'administration turque, laquelle, je crois, a son siège principal à Constantinople.

Le directeur du collège de Salima ayant fait venir à grands frais, d'une grande librairie parisienne, une centaine de volumes richement reliés, pour la distribution des prix de la fin d'année scolaire, cinquante volumes seulement lui parvinrent. Le reste s'en était allé sans doute à Stamboul enrichir la bibliothèque du Grand-Turc. !...

. . . . . . . . . . . . . . . . . . . . . . . . . . . . . . . . . . . . . . . . . . . . . . . . . .

Mille choses seraient encore à dire sur la flore du Liban ; sur les fameux *cèdres* ; sur la culture de la vigne, etc. Nos lecteurs trouveront des détails très intéressants à ce sujet dans les récits de voyage du R. P. Ducat, de la Compagnie de Jésus, et dans les *Notes sur le Liban*, du R. P. Moyse d'Orléans, procureur des Missions des capucins, à Lyon. (*Bulletin des Mis-*

*sions catholiques*, Dʳ Théodore Morel (1) place Belle-
cour, Lyon. Tomes 15 et 16, années 1883-84). Nous
faisons nos réserves sur certains passages des deux
auteurs précités. Leur enthousiasme, comme missionnaires, nous semble les avoir entraînés un peu trop
loin au-delà de la vérité.


## XXI


La grande solennité de Pâques approchait.

Une partie des élèves devait se rendre à Beyrouth,
afin de prendre part, selon l'usage établi, aux offices
de la semaine sainte.

La plupart d'entre eux faisaient partie du corps de
musique, le directeur laïque en tête, et devaient, pendant les offices, jouer quelques morceaux sur leurs
instruments.

Frère Olympe se trouva donc sans élèves durant
une dizaine de jours.

Comme cette situation lui était faite plusieurs fois
dans l'année, il en résultait, en moyenne et en les
réunissant, plus de cinquante journées perdues pour
les études.

C'est là une méthode inconnue en France : on
voulait sans doute éviter le surmenage.

Nous comprenons alors comment M. Karin, le pré-
décesseur de Frère Olympe, avait pu trouver le loisir
nécessaire pour démolir le grand escalier du collège
et en construire un nouveau.

Il paraît qu'à tous ses divers talents d'artiste, de

_______

(1) Pourquoi ne trouvons-nous pas, dans le xxıııᵉ volume de
cet ouvrage (1889-90), le nom de Frère Joseph-Olympe parmi ceux
des missionnaires partant pour l'Orient ?

calligraphe, de professeur, il joignait encore celui de charpentier.

Frère Fidèle fut laissé à la maison pour faire fonctions de directeur. Mais il n'avait point quitté le costume religieux, et déplaisait fort aux professeurs arabes, ainsi qu'à Madame la directrice. « Trop de capucins ici », disait-elle quelquefois.

On le rendit si malheureux, durant cet *interim* que, huit jours après le retour des élèves, ayant obtenu son déplacement, il quitta le collège pour n'y plus revenir.

Une des causes principales. de son départ fut les mauvais procédés du médecin du collège à son égard.

Ce docteur, druse ou maronite, on ne sait trop lequel, voyait avec dépit la popularité de Frère Fidèle, lorsque celui-ci, en sa qualité d'aide-pharmacien, allait visiter les malades dans le village.

Où va se nicher la jalousie ?


## XXII


Le départ de Frère Fidèle ne fit qu'accroître les inimitiés entre les professeurs du pensionnat.

Les ennemis de Frère Olympe que, jusqu'alors, un certain respect pour l'habit religieux avait pu retenir, levèrent le masque, et une guerre ouverte commença.

Chaque soir, durant le mois de Mai, on chantait, dans la petite chapelle, bien pauvre, du collège, les Litanies de la Vierge.

C'était, d'ailleurs, le seul chant en langue latine qui fût autorisé par les administrateurs ; ces Messieurs professaient, paraît-il, une sainte horreur pour la liturgie romaine.

Chaque matin, les élèves assistaient à une messe basse, célébrée en langue syriaque.

Le prêtre, pour célébrer cette messe, se revêtait de la première chasuble venue, qui lui tombait sous la main, quelle qu'en fût la couleur.

Il lui arrivait même de revêtir l'ornement *noir* pour les jours des plus grandes solennités, telles que Pâques ou la Pentecôte.

La Sacrée Congrégation des Rites, dont le siège est à Rome, et que l'on dit si sévère, devrait bien faire un petit voyage au Liban. Elle s'assurerait, *de visu*, du peu de cas que l'on y fait de ses décisions.

Mais passons.

Le directeur étant parti pour la chasse depuis trois semaines, et s'étant alité pendant quatre autres, Frère Olympe dirigea d'abord les chants religieux sans aucune opposition.

Mais le soir du 5 mai tout changea de face.

Le druse Mahmoud avait reçu du principal l'ordre de remplacer le Frère Olympe dans la direction du chant. — Et dire que le Français est là pour protéger les Libanais !...

Ainsi, donc, à un tertiaire de saint François, le Révérend Simon avait préféré un... Druse !

Pour ne point dépasser les limites qui nous sont assignées, nous ne parlerons pas ici des diverses castes religieuses du Liban, telles que les Grecs schismatiques qui se disent orthodoxes, les cophtes, etc. Nos lecteurs trouveront des détails sur ce sujet dans les *Bulletins des Missions Catholiques* (Lyon 1883 et suite).

## XXIII

Les derniers mois de l'année scolaire s'écoulaient lentement, trop lentement au gré de Frère Olympe, qui brûlait du désir, bien naturel, de revoir la France.

Ses ennemis n'avaient point désarmé, au contraire. Mais l'affection que lui témoignaient les élèves de sa classe, et, même généralement, tous les enfants du pensionnat; les compositions littéraires auxquelles il ne cessait de se livrer; les rares et courtes visites qu'il pouvait rendre à une jeune dame française dont la demeure était voisine; tout, jusqu'à la cueillette de tant de jolies fleurs dont la montagne semblait comme constellée, sans compter les bouquets que lui apportaient ses élèves, tout paraissait concourir à lui apporter quelque consolation.

Pourtant, lorsqu'il s'aperçut que Madame *Pharès*, justifiant ainsi son nom qui, en langue hébraïque, signifie *division,* si je ne me trompe, avait, sans le vouloir peut-être, semé la zizanie parmi les professeurs, il crut agir avec prudence en évitant de rendre visite à cette dame.

Il eût été souhaitable, pour la grande édification des élèves et des habitants de Salima, que le Révérend Simon eût cessé de même ses visites à Madame *Pharès*, visites dont les mauvaises langues du village faisaient gorge chaude.

Du reste, chez le Père Simon, cette amitié le cédait encore à son amour pour la *dive bouteille,* comme dit Rabelais.

Quant à notre héros, il avait concentré toute son affection sur Aïda; celle-ci d'ailleurs la lui rendait bien, et il n'était pas à craindre qu'elle dût exciter jamais des sentiments de jalousie.

Aïda, sa chère Aïda !... Quelle joie, lorsque les deux amis se rencontraient dans la cour ou dans les escaliers de la maison !... Que de doux épanchements !... Que de caresses folles !...

Et lorsque, sa classe finie, Frère Olympe franchissait le seuil du collège pour faire un tour de promenade dans la montagne, Aïda, fidèle au rendez-vous, témoignait de son ivresse par des gambades désordonnées.

Heureuse de respirer l'air libre à pleins poumons, Aïda prenait sa course dans les buissons et les halliers, se roulait dans les hautes herbes, puis revenait, humble et soumise, se reposer auprès de son ami.

Enfin, en compagne docile, elle rentrait avec Frère Olympe à la maison, et l'on ne se quittait qu'après avoir échangé de nouvelles caresses.

Rassurez-vous, âmes pudibondes qui me lisez, il est temps de faire cesser toute équivoque.

Aïda, l'Aïda chérie de Frère Olympe, n'était autre qu'une superbe chienne de chasse appartenant au directeur du collège...

Quelle destinée bizarre que celle de Frère Olympe, qui, pour oublier les trahisons de ses faux amis, les chrétiens, en était réduit à accepter l'amitié des Druses et de la chienne Aïda !...

Mais comme c'est bien digne d'un allemand de donner à un animal le nom d'une femme !...

## XXIV

> « Nous avons cherché *partout* et *toujours* à
> « protéger nos nationaux, à faire respecter,
> « *en tout lieu*, le drapeau de la France ».
> (Séance du Sénat, 13 avril 1892).

On ne lira pas, sans un certain frisson au cœur, l'intéressante relation qui va suivre.

Nous arriverons, par ce récit, au point capital qui fait l'objet des Notes de voyage de notre héros.

Un soir du mois de juin, le supérieur italien, un des professeurs arabes et un surveillant autrichien se trouvaient réunis.

Survient le professeur français.

Immédiatement, on affecte de parler politique, et, après quelques mots échangés, éclate une bordée d'injures contre ces *imbéciles*, ces *poltrons* de Français, que les Allemands ont si bien *échaudés* en 1870.

Nous maintenons le texte de ces ignobles insultes.

Le Français veut riposter et défendre le drapeau de la France outragé.

Eh bien ! le croirait-on ? le supérieur italien lui impose le silence, le traitant de bonapartiste, de janséniste *(sic)*, de boulangiste, que sais-je encore ?

Indigné d'une si brutale agression, notre Français, rendu à la liberté par la fin de l'année scolaire, adresse une plainte au consul général de France à Beyrouth, M. le vicomte de Petiteville.

Mais ce fonctionnaire, naturellement, n'y donne aucune suite.

. . . . . . . . . . . . . . . . . . . . . . . . . . . . . . . . . . . . . . . . . . . . .

Quand donc enfin la France, voulant faire respecter ses nationaux à l'étranger, parlera-t-elle haut et fort, comme c'est son droit ?...

Telle a été, durant six mois entiers, la situation d'un Français, d'un professeur, au milieu des arabes du Liban.

Et ce n'est point des Druses qu'il a eu à se plaindre : les Druses se sont montrés au contraire, nous l'avons vu, pour lui doux et hospitaliers.

Ce sont des collègues, des supérieurs italiens, allemands et autrichiens, mâtinés d'arabes, qui ont, de gaieté de cœur, choisi pour victime de leur haine contre la France un vieillard de soixante-six ans ; peut-être pour complaire à Crispi, en commençant sous le manteau la guerre future rêvée et préparée peut-être de longue main par la triple-alliance !...

Le professeur arabe qui s'est ainsi posé en insulteur de notre pays, et cela impunément, dans une contrée placée sous le protectorat de la France, a pris prudemment la fuite pour échapper aux suites d'une enquête possible et s'est réfugié en Algérie, sous le nom d'Ali-Habib-Mahmoud.

Quant à Frère Olympe, il s'était retiré au couvent des RR. PP. Capucins, à Beyrouth, le nombre de jours suffisants pour attendre le paquebot qui devait le conduire à Jaffa, ville où il prendrait la voiture pour se rendre à Jérusalem.

# ÉPILOGUE

## VOYAGE A JÉRUSALEM

### I

Nous pourrions appeler ce court voyage en Terre-Sainte : « *Voyage à travers les Malentendus* » (1) si l'éminent auteur de ce dernier ouvrage n'avait lui-même choisi ce titre.

C'est en effet à travers d'étranges malentendus que Frère Olympe a voyagé de Jaffa à Jérusalem et qu'il a passé quinze jours dans cette *Ville Sainte* illustrée par les souffrances, la mort et le triomphe de l'Homme-Dieu.

S'étant embarqué à Beyrouth, précisément sur ce même bateau *La Seyne,* bien connu de nos lecteurs, Frère Olympe, pour payer demi-place en seconde classe, avait revêtu l'habit de religieux capucin.

Moins le capuchon cependant.

Premier malentendu ; car, d'une part, le Révérend Benvenuto soutenait avoir envoyé de Lyon le drap pour le confectionner ; d'autre part, le Révérend Iscariota affirmait n'avoir rien reçu de semblable.

Pauvre Frère Olympe !... Cet idéal capuchon, digne d'inspirer un poète épique, jouait pour lui le rôle des raisins vis-à-vis du renard de la fable... O inénarrable

---

(1) *Voyage à travers les Malentendus,* par l'abbé Duclos, auteur de l'*Histoire des Ariégeois.*

capuchon ! Capuchon utopique, toujours promis et jamais obtenu !...

Certaines méchantes langues accusaient de cette fumisterie anodine le Révérend Emiliano, surnommé le Père *Rabat-joie* par ses confrères eux-mêmes.

Mais le fait n'a pas été prouvé suffisamment, *et adhuc sub judice lis est.*

L'Autrichien Farid-Adba, un des professeurs libanais dont nous avons déjà parlé, avait été chargé par le Père Simon de veiller sur Frère Olympe et de lui servir d'interprète en langues italienne et arabe.

Il devait aussi lui venir en aide pour l'échange des monnaies turques, seules admises d'ordinaire dans les transactions commerciales, en Terre-Sainte.

Ce Farid-Adba était, au moins en apparence, un excellent homme, poli, gai, serviable, d'un secours très utile pour un pèlerin qui ignorait la langue arabe.

La traversée de Beyrouth à Jaffa — une nuit en mer — fut des plus heureuses.

Vers les huit heures du matin, Frère Olympe et Farid-Adba débarquèrent à Jaffa, mais non sans péril.

Ce port de Jaffa, aussi et peut-être plus incommode encore que tous les autres ports des Echelles du Levant, présente ceci de remarquable que l'entrée en est obstruée en partie par plusieurs petits rochers à fleur d'eau, en sorte que les bateliers qui conduisent les passagers à terre mettent une certaine bravoure à saisir au passage le saut de la vague, qui, soulevant la barque, doit lui faire, d'un bond, atteindre au rivage.

Les passagers débarqués doivent suivre, pendant un espace assez long, une étroite bande de terrain, un par un, à la queue-leu-leu, comme on dit vulgairement, et, pour se maintenir en équilibre, s'appuyer contre le mur en pierres de taille qui la borde, du côté opposé à la mer.

On voit cela d'ici, c'est très commode... pour les Turcs et les Arabes, qui vont nu-pieds, et vêtus seulement d'une espèce de chemise à courtes manches.

Cet étroit sentier débouche ensuite sur une place assez grande, mais tellement encombrée de colis, de chariots, d'ânes, de chameaux et de mulets, sans compter la foule qui s'y presse, qu'on marche littéralement les uns sur les autres.

Encore quelques pas en avant, et par une porte basse on entre dans le couvent des Révérends Pères capucins.

Les pèlerins des deux sexes trouvent dans ce couvent un asile très confortable sous tous les points de vue.

De la grande fenêtre à balcon du troisième étage, le voyageur jouit d'un coup d'œil splendide sur la mer, dont les flots, toujours houleux en cet endroit, viennent se briser en mugissant sur les rochers de la rade ; sur une des roches à fleur d'eau se remarque une petite colonne, rappelant, dit-on, l'emplacement où se trouvait attachée Andromède, quand Persée vint la délivrer.

La ville de Jaffa, comme d'ailleurs toutes les cités maritimes de l'Orient, n'est belle et agréable à voir que du côté de la mer.

Parcourir ensuite ses rues et ses bazars, c'est détruire l'illusion.

Jaffa, l'ancienne Joppé des Livres-Saints, existait déjà avant le déluge, et ce fut là que Noé construisit son arche.

C'est à Joppé qu'Hiram, roi de Syrie, fit débarquer

le bois de cèdre pour la construction du Temple de Jérusalem par Salomon.

C'est là encore que le prophète Jonas s'embarqua pour se rendre à Tharsis, au lieu d'aller à Ninive selon l'ordre du Seigneur.

A part ces souvenirs bibliques, le port de Jaffa n'est célèbre que par les naufrages.

A l'époque des croisades, Baudouin, roi de Jérusalem, y remporta deux grandes victoires.

Enfin, au dernier siècle, mentionnons l'épisode historique du séjour du général Bonaparte, épisode plus connu sous le nom des *Pestiférés de Jaffa*.


## II


Frère Olympe et son cicerone imposé ne demeurèrent que deux jours à Jaffa, temps suffisant pour parcourir la ville et en maudire les rues tortueuses, escarpées, entremêlées d'escaliers squalides et de fondrières, encombrées pour la plupart, dans la ville basse, de caravanes interminables.

Cela n'eût été rien encore, si Frère Olympe n'eût eu maille à partir avec un nouveau malentendu, fort désagréable celui-ci et qui faillit tout compromettre.

Voici ce qui s'était passé.

Comme il faisait une chaleur tropicale... — on était au mois de juillet — Frère Olympe, pour parcourir la ville, avait échangé l'habit religieux contre un léger complet d'été et s'était coiffé d'un coquet petit chapeau de paille qui lui donnait l'apparence d'un fashionable parisien.

Cette métamorphose profane suffit pour mettre le feu aux poudres et enflammer d'une sainte ardeur le zèle du Prieur, prêt, paraît-il, à déposer son bilan, et désireux de couronner son passage au pouvoir par une action d'éclat.

Il cria, tempêta, fit du scandale : on eût dit un libre-penseur aspergé d'eau bénite. Ce fut à grand'-peine que Farid-Adba, moitié en arabe, moitié en italien, voulut faire comprendre au Prieur que Frère Olympe, tertiaire laïque de Saint François, était autorisé à se revêtir pour sortir en ville, de ses habits bourgeois, qui même lui avaient été fournis, dans cette intention, par le supérieur de la procure française.

Le résultat de toutes ces explications fut que Frère Olympe devait, *illico*, rendosser l'habit religieux.

— « Mais je n'ai pas de capuchon ! » objecta timidement le pauvre Frère.

Ce langage français ne pouvait être compris par un moine italien.

A Jaffa, comme à Beyrouth, comme à Smyrne : tous italiens, c'est-à-dire gallophobes enragés.

Notre pèlerin, « ne disant mot et portant bas l'oreille » gravit donc les deux étages qui montent à sa chambre, se dépouille du costume civil, remmanche sa robe et le reste.

Il va franchir le seuil du couvent, lorsqu'il est arrêté par un des Révérends Pères :

« *Perché*, s'exclame celui-ci en un jargon intraduisible, portez-vous l'habit religieux ? On vous a vu dans la rue en habit laïque, et maintenant... C'est *oune* scandale ! montez vite, remettez vos effets civils !... »

Cette fois, Frère Olympe, sentant la moutarde lui piquer le nez, allait prendre la mouche.

Par bonheur, plusieurs personnes pénétraient dans

la maison, et Frère Olympe profita de l'encombrement pour s'esquiver, tout en grommelant à part lui :

« Ces gens sont fous. Comment veulent-ils que je me mette ? Faut-il donc que je sorte en chemise ?.. »

Voilà des impressions de voyage que certes n'eurent pas à éprouver les Châteaubriand, les Géramb et les Lamartine !... »

### III

Après avoir visité sommairement les alentours de la ville, ainsi que ses magnifiques jardins, tout parfumés de l'odeur des orangers, des citronniers, des grenadiers, des bananiers et autres arbres, nos deux pèlerins montèrent en voiture (1) pour se rendre à Jérusalem.

Grâce à un excellent abbé qui faisait ce même voyage, et qui voulut bien compléter la somme de vingt francs nécessaire pour trois personnes dans l'intérieur de la voiture, on n'eut pas à marchander longtemps avec le cocher arabe qui la conduisait.

Malheureusement, il fallait voyager au clair de la lune et voir par conséquent très peu l'aspect du pays, entre Jaffa et Jérusalem.

Jamais le cocher ne voulut donner le signal du départ avant quatre heures du soir, en sorte qu'on n'arriva à Ramleh (ancienne Arimathie), qu'à une heure du matin.

Jusqu'à Ramleh, la route est assez belle, bien que le sol en soit inégal, selon la coutume en Turquie.

Nos pèlerins n'avaient pas assez d'yeux pour contempler, soit les magnifiques jardins des alentours de Jaffa, soit le désert, aride en été, de la célèbre

_____________

(1) Il n'y avait pas encore de chemin de fer. Commencé en 1800.

plaine de Saron, qui se couvre, au printemps, d'une quantité de fleurs, tout comme en Hollande, de La Haye à Harlem, on voit, en avril, surgir par milliers, les jacinthes et les tulipes. Frère Olympe avait admiré naguère les polders hollandais en pleine floraison printanière ; il ne voyait ici qu'un sòl aride et desséché ; toutes les fleurs avaient été brûlées depuis longtemps par le soleil.

Nos pèlerins, arrivés à Ramleh, s'y reposèrent une heure environ dans le couvent latin espagnol, où ils firent honneur à une succulente collation et goûtèrent à d'énormes grappes de raisin, provenant des vignes de ces bons Pères.

On n'eut pas le loisir d'aller voir de plus près la Tour des *quarante martyrs*, tour dont la tradition paraît apocryphe et qui d'ailleurs tombe en ruines.

Enfin on remonte en voiture. Heureusement la lune donne en son plein.

Le cocher a profité de la halte pour sacrifier à Bacchus un peu plus que de saison.

Comme, à quelque distance de Ramleh, la route se rétrécit toujours davantage, et forme de nombreux méandres, des coudes très courts, on se demande si, lorsque le cocher s'endormira malgré lui, on ne sera pas précipité par dessus le bord de la voiture, c'est-à-dire dans le profond ravin, dont le chemin est bordé de gauche et de droite.

L'occupation la plus fréquente de Frère Olympe fut, durant cette nuit périlleuse, de tirer le cocher arabe par sa robe, afin de l'empêcher de dormir. Farid ainsi que l'abbé, moins préoccupés, s'abandonnaient au sommeil.

## IV

Lorsque nos pèlerins eurent dépassé *Latroun*, ou village du Voleur, patrie du bon Larron, la voiture entra dans les montagnes de Judée, où la route devient presque impraticable.

Après avoir gravi le sommet le plus élevé, la voiture, qui, par bonheur pour nos pèlerins, était toujours allée fort lentement, vu l'état de somnolence du conducteur, descendit dans la vallée de *Jérémie*, où se trouvent un village et les ruines d'une église du même nom, dépassa le bourg d'*El-Biré*, dont les maisons dominent le chemin de *Naplouse*.

Il était six heures du matin et déjà le soleil brillait d'un vif éclat, n'éclairant, hélas ! qu'une nature morte, sans aucune autre végétation que quelques oliviers plantés çà et là. Tout annonçait à nos pèlerins qu'ils n'étaient pas loin de Jérusalem, cette ville si belle et si riche autrefois, aujourd'hui captive et désolée.

Soudain, à un dernier détour du chemin, aux regards surpris de nos pèlerins, apparut *Jérusalem !*

« Jérusalem ! Jérusalem ! » s'écrièrent-ils en s'embrassant, en se recueillant dans une silencieuse extase, tandis que Frère Olympe, plus instruit que son cicerone des choses de Dieu, récitait mentalement le psaume *Lœtatus sum in his quœ dicta sunt mihi.* L'abbé récitait son bréviaire.

« Cette fois, nous sommes vraiment à Jérusalem ! Nous contemplons des yeux du corps cette vision lointaine qui réjouissait notre âme au fond des gorges du Liban ! »

Telles étaient les paroles de nos deux pèlerins, jusqu'à ce qu'enfin, descendus de voiture, et ayant pris congé de l'abbé Don Alphonse de Marque, qui se rendait à son Etablissement de Saint-Pierre, au-delà de la ville, gagnèrent à pied la maison hospitalière des Franciscains, appelée la *Casa Nova*.

Cette maison est voisine du couvent et de l'église de Saint-Sauveur, ainsi que de la demeure du Très Révérend Père, Custode de la Terre Sainte et du Saint-Sépulcre.

V

A peine entré dans Rome, cette autre ville sainte, que veut-on voir et visiter tout d'abord ? C'est la basilique de Saint-Pierre.

Le premier désir du pèlerin, ou même d'un simple voyageur, lorsqu'il entre à Jérusalem, c'est de visiter la basilique du Saint-Sépulcre.

Ces deux faits sont également incontestables.

Telle fut aussi la première pensée de Frère Olympe et de Farid-Adba.

Comme le guide habituel des pèlerins de Terre-Sainte, le Frère Liévin, se trouvait alors absent, ils prirent pour guides un jeune postulant, nommé Adolphe Amon, et un jeune prêtre, l'abbé Pellenc, si nous avons bonne mémoire.

Un si grand nombre de récits ont été faits sur Jérusalem qu'il faudrait des volumes entiers pour comparer et faire un choix conforme à la stricte vérité.

Mais l'opinion la plus généralement admise est que la première impression du pèlerin est une impression de profonde tristesse : on sent que la malédiction divine pèse encore sur la cité déicide.

En général, les rues sont sales, étroites, mal pavées, presque toutes dépourvues de trottoirs. Un grand nombre d'entre elles sont voûtées, surtout dans le quartier juif, où le soleil ne pénètre que très rarement.

Le quartier juif est le plus sale de tous, c'est un point sur lequel tous les voyageurs tombent d'accord.

La petite rue, assez étroite, qui conduit de *Casa Nova* à l'église de Saint-Sauveur, offre une pente raide et glissante, dangereuse par tous les temps.

Pour se rendre à l'église du Saint-Sépulcre, on traverse une petite rue, puis un passage couvert, où se trouvent plusieurs beaux magasins.

On pourrait appeler cette galerie le passage des Panoramas... de Jérusalem.

Du moins c'est l'impression qu'elle produit sur un touriste parisien.

C'est dans cette galerie couverte que les pèlerins font l'acquisition de tous les objets en bois d'olivier, souvent incrustés de nacre, à titre de souvenirs rapportés de Jérusalem.

Il s'en fait un débit extraordinaire. Le magasin de *Méo*, dont une seconde vitrine donne sur la belle et large rue de Jaffa, conduisant à la porte de ce nom, ce magasin est, sans contredit, le mieux approvisionné, peut-être aussi le meilleur marché de tous.

Frère Olympe, qui n'osait plus se dévêtir de l'habit religieux, fit de fréquentes visites chez *Méo*.

Il dut sans doute au costume respectable qu'il portait d'acheter, au rabais, photographies, images, croix, chapelets, même quelques riches lambeaux d'étoffes orientales.

Quant à Farid-Adba, en bon Arabe qu'il était, bien qu'Autrichien d'origine, il se dispensa d'acheter quoi que ce fût, comptant bien, de retour à Beyrouth, dévaliser son ami le Frère Olympe.

Il fut seulement très utile, à cause de sa connaissance approfondie de la monnaie turque, et **Frère** Olympe lui dut certainement de ne pas être trompé par les marchands du pays.

Suivons maintenant nos pèlerins se rendant à l'église du Saint-Sépulcre.

A peine furent-ils en marche qu'on leur fit remarquer la maison de Bethsabée, femme d'Urie, et, quelques pas plus loin, la *Tour de David*, dont les dépendances servent aujourd'hui de caserne aux soldats de l'armée ottomane.

En face est un temple protestant, qui occupe l'emplacement du palais d'Hérode, ce même roi qui reçut les mages et ordonna le massacre des saints Innocents.

La maison qu'habitait saint Thomas, et qui se trouvait près de cet endroit, est convertie en mosquée.

On descend ensuite plusieurs rues coupées de marches en pierre de distance en distance, et l'on arrive enfin sur une petite place, vis-à-vis la seule entrée de la basilique de la Résurrection ou du Saint-Sépulcre.

A voir cette sorte de façade aux sculptures mutilées, et cette tour tombant en ruines, on se rappelle involontairement ce passage curieux du Voyage de Châteaubriand à Jérusalem.

« L'Eglise du Saint-Sépulcre n'existe plus, écrit cet auteur, elle a été incendiée de fond en comble depuis mon retour de Judée (1808). Je suis pour ainsi dire, le dernier voyageur qui l'ait vue, et j'en serai, par cette raison même, le dernier historien. »

C'est là une prétention qui fait sourire, et nous n'avons pas besoin aujourd'hui des travaux de nos devanciers pour décrire cette vénérable basilique, reconstruite et même embellie, surtout à l'intérieur, par les soins des Grecs et des Arméniens qui y dépensèrent près de cinq millions de francs.

La petite place qui est devant l'église est, à certains jours, encombrée de marchands ambulants, trafiquant de toutes sortes d'objets de piété, pêle-mêle avec des grenades, des bananes, des dattes et autres fruits de la région.

La première chose que l'on remarque en franchissant le seuil de l'église est navrante pour un cœur vraiment chrétien. C'est un poste de soldats turcs, nonchalamment accroupis sur un divan, occupés à déguster leur moka, ou à fumer leur narguilhé.

Lamartine trouvait cela très bien et même très consolant ; nous ne sommes point de son avis.

Détournant les yeux de ce scandaleux spectacle, le pèlerin peut satisfaire sa piété en s'agenouillant devant la *Pierre de l'Onction*.

C'est une dalle de marbre blanc, sur laquelle, selon la tradition, fut oint le corps de Notre-Seigneur par Joseph d'Arimathie, avant d'être déposé dans le tombeau.

La nef de l'église, de forme circulaire, est entourée de seize colonnes qui supportent autant de galeries. Un vaste dôme couronne tout l'édifice.

La couverture de ce dôme est vitrée, c'est par là seulement que l'église reçoit le jour, puisqu'elle n'a point de fenêtres, à l'instar du Panthéon de Rome.

Au centre de la basilique, sous le dôme, s'élève une chapelle monumentale, surmontée d'une coupole.

Cette chapelle renferme le saint sépulcre du Sauveur.

Recouvrant le rocher, une dalle de marbre blanc sert de table d'autel, sur laquelle, à des heures marquées, les prêtres des différents rites catholiques célèbrent la messe.

Trois tableaux, représentant tous trois la Résurrection

du Christ, restent à demeure sur cet autel : celui des Franciscains est le plus beau.

Lorsqu'on doit y célébrer la messe, outre les nombreuses lampes qui brûlent sans cesse au-dessus du sépulcre, sous la voûte de l'édicule, des cierges allumés sont disposés devant la sainte image.

L'entrée de cette chapelle est fort basse, un homme d'une taille moyenne doit se baisser pour y entrer.

A l'entrée, est un petit bloc de marbre qui rappelle la pierre sur laquelle s'est assis l'ange qui annonça aux saintes femmes la résurrection de Jésus.

A l'aspect de ce saint lieu, vénérable et vénéré entre tous, le cœur d'un chrétien est saisi d'un respect profond, d'une sorte de frayeur religieuse.

Frère Olympe, dans ses notes au crayon, ne manque pas de nous transmettre quelles furent ses émotions, lorsqu'il se prosterna humblement dans ce lieu redoutable.

Le Saint-Sépulcre est confié à la garde des RR. PP. Franciscains.

Près de là, à droite de l'entrée du saint tombeau, se trouve le chœur des religieux, où ceux-ci chaque jour célèbrent l'office, de la manière la plus édifiante et la plus solennelle.

## VI

Nous ne suivrons point Frère Olympe et ses amis, soit à la chapelle supérieure du Calvaire, où l'on monte par un escalier d'une vingtaine de marches, soit dans la chapelle souterraine, à l'endroit même où l'impératrice sainte Hélène reconnut la Croix du Sauveur.

Les stations et chapelles de la basilique du Saint-

Sépulcre sont expliquées et passées en revue avec force détails dans les innombrables récits qui ont été faits sur cette matière.

Il n'est donc point dans notre intention de refaire pour nos lecteurs des livres devenus célèbres, presque populaires. Tout y est dit beaucoup mieux que nous ne saurions le dire nous-même.

Frère Olympe manquait d'ailleurs des deux conditions essentielles pour effectuer avec fruit un voyage de cette nature : le temps et l'argent.

Le quatre août, jour de la fête de saint Dominique, il se rendit au couvent des Pères Prêcheurs, hors de la porte de Damas, et il assista à une splendide procession en l'honneur du Très-Saint Rosaire.

On y chanta tous les couplets de l'*Ave Maria*, ce cantique touchant, proscrit, on s'en souvient, par le Père Iscariota, au pensionnat arabe du Méten.

Le cinq, visite à la magnifique mosquée d'Omar, moyennant une permission de la Sublime Porte et de nombreux *bakshich*. Coût : sept francs par personne.

Dans l'après-midi, excursion dans la vallée de Josaphat, à la piscine de Siloé, et toujours avec le Frère Liévin.

Le six août, fête de la Transfiguration, l'admirable église de Saint-Sauveur était parée de ses plus riches et plus beaux ornements.

Le Très Révérend Père Custode de Terre-Sainte, qui a le rang d'évêque, officia pontificalement.

Le consul de France assistait, en tenue de gala, à cette cérémonie, et même il ne cessait de regarder curieusement Frère Olympe, assis à son côté.

Etait-ce parce que le pauvre Frère n'avait pas de capuchon ?

Ce capuchon, hélas ! Frère Olympe ne devait jamais le porter.

L'hypocondriaque *Il Padre Emiliano* l'avait joué et les gens de cette trempe réussissent toujours dans le mal qu'ils veulent faire.

Par bonheur pour notre pèlerin, il fut très bien traité par les Pères de la *Casa Nova*, dont le supérieur lui délivra, selon l'usage, un certificat de voyage aux Lieux-Saints.

Farid-Adba n'obtint pas la même faveur. Aussi, de ce fait, conserva-t-il contre le Frère une sourde rancune qui gâta tout le reste du voyage.


## VII


La quinzaine de séjour expirée, après avoir revu la vallée de Josaphat et les autres environs de Jérusalem, il fallut songer au retour.

De Jérusalem à Jaffa, rien d'important à signaler, sinon que le conducteur parut moins ivre que de coutume.

De Jaffa à Beyrouth, belle et tranquille traversée, à bord du *Syndh*.

A Beyrouth, Farid-Adba, dissimulant sa rancune, reçut chez lui le bon Frère, qui, toujours conciliant, fit à toute la famille une distribution d'objets rapportés de Terre-Sainte ; si bien qu'avant de rentrer en France, il n'en avait conservé que fort peu pour lui-même. Les deux amis se quittèrent mécontents l'un de l'autre.

De Beyrouth à Smyrne, rien à signaler.

A Smyrne, un télégramme incompréhensible du

Révérend Benvenuto, et le brusque départ de Frère Olympe.

A Athènes, visite au Pirée, puis à l'Acropole, au Parthénon et autres ruines célèbres.

Enfin, au matin du 3 septembre 1890, le vapeur *La Junon*, capitaine Paranque, déposait sur le quai de Marseille, Frère Olympe, M. Joffre, voyageur de commerce, M. le Maire de la Seyne, près Toulon, et d'autres passagers inconnus de notre pèlerin.

C'est à Marseille que devait se terminer l'émouvante odyssée de notre pèlerin fin-de-siècle, victime des malentendus et de la persécution religieuse.

Tout persécutés qu'ils sont, les religieux doivent-ils donc, pour cela, s'entre-dévorer les uns les autres et méconnaître leurs amis ?

A l'heure où nous écrivons, entre le P. Benvenuto et Frère Olympe, le malentendu persiste encore.

**Maxime GUFFROY.**

*Venise, le 14 Juillet 1892.*

Imp. Générale. — Achard et Cie, rue du Chevalier-Rose, 3 et 5

9 782329 738918